GOLDMANN
ARKANA

Buch

Das System der Effektiven Mikroorganismen verbreitet sich, von Japan kommend, auf der ganzen Welt. Als wirksames Allround-Gesundheitssystem für Mensch und Umwelt wurde es auch in Deutschland innerhalb kurzer Zeit sehr populär.

»EM-Salz« dokumentiert die aufwändige Herstellung und das Anwendungsspektrum von hochwertigem Meersalz, das mit Effektiven Mikroorganismen (EM) und EM-X fermentiert und behandelt wird und dadurch spezielle Heilwirkung entwickelt. Selbstverständlich kann dieses EM-Salz – vergleichbar Kristallsalz – als besonders edles Speisesalz verwandt werden. Was es aber vor allem auszeichnet, sind seine hervorragenden regenerierenden Wirkungen auf Wohlbefinden und Gesundheit. Bei einer empfohlenen Dosierung bis zu 10 Gramm täglich eliminiert es freie Radikale, es entschlackt und reinigt den Körper. Von Anwendern wird berichtet, dass Müdigkeit und rheumatische Beschwerden verschwinden und die körperliche und geistige Leistungskraft zunimmt. Die Autoren berichten von Erfolgen mit EM-Salz im Wellness-Bereich, aber auch von viel versprechenden klinischen Ergebnissen bei schweren Erkrankungen und speziell bei der Senkung des Cholesterinspiegels. »EM-Salz« ist das erste deutschsprachige Buch zu diesem wichtigen Lebens-Heilmittel.

Autoren

Professor Teruo Higa hat vor 25 Jahren die Wirkung der Effektiven Mikroorganismen entdeckt und entwickelt seit dieser Zeit das EM-System einschließlich seiner Anwendungsbereiche weiter.

Ryûichi Chinen stammt aus einer Familie, die in Okinawa in der traditionellen Salzherstellung tätig war. Er hat sich als Experte zum Themenbereich Meer, Salz und Gesundheit in Japan einen Namen gemacht.

Teruo Higa und Ryûichi Chinen

EM-Salz

Vitalität und Gesundheit
durch reines Salz und
Effektive Mikroorganismen

Aus dem Japanischen
von Wolfgang Höhn und
Mariko Sakai

Die japanische Originalausgabe dieses Buches erschien 2001 unter dem Titel »EM-sosei-kaien no kyôi« bei Sogo-Unicom, Tokio.

Die in diesem Buch vorgestellten Informationen zu den Produkten und Anwendungen der EM-Technologie wurden nach bestem Wissen und Gewissen geprüft. EM-Produkte und ihre Anwendungen werden wissenschaftlich und praktisch mit der nötigen Sorgfalt getestet und auf ihre Wirkung und Sicherheit untersucht. Inzwischen werden sie in über hundert Ländern mit durchweg positiven Resultaten eingesetzt. Dennoch übernehmen die Autoren, die Übersetzer und die Verlage keinerlei Haftung für Schäden irgendwelcher Art, die sich direkt oder indirekt aus dem Gebrauch der hier vorgestellten Anwendungen ergeben. Bei ernsthaften Beschwerden oder in Zweifelsfällen sollten Sie deshalb unbedingt ärztliche oder naturheilkundliche Hilfe in Anspruch nehmen.

Umwelthinweis:
Alle bedruckten Materialien dieses Taschenbuches
sind chlorfrei und umweltschonend.

Vollständige Taschenbuchausgabe November 2004
2. Auflage
© 2004 der deutschsprachigen Ausgabe Wilhelm Goldmann Verlag,
München in der Verlagsgruppe Random House GmbH
© 2004 SOGO-UNICOM
Umschlaggestaltung: Design Team München
Umschlagmotiv: Zefa APL – S. Davey
Gesetzt aus der Adobe Garamond
Satz: KompetenzCenter, Mönchengladbach
Druck: GGP Media GmbH, Pößneck
Verlagsnummer: 21696
Lektorat: Ralf Lay
WL · Herstellung: CZ
Made in Germany
ISBN 3-442-21696-6
www.goldmann-verlag.de

Inhalt

*Einleitung: Effektive Mikroorganismen (EM)
und Salz* 11

Teil I: Mensch, Meer und große Natur – die Wurzeln des Lebens

1. *Das Leben – ein Geschenk aus dem Meer* 19
   Die Quelle des Lebens – das Meer 21
   Meerwasser und physiologische
     Kochsalzlösung 28
   Die Toxizität des raffinierten Salzes 31
2. *Der »Mechanismus« der Natur
   und der Strom des Lebens* 33
   Der Segen von Luft und Meer,
     Sonne und Mond 35
   Die Herztätigkeit, der Angelpunkt
     des Lebens 39

Anfang und Ende des Lebens	41
Blutkreislauf und »zweites Herz«	42
3. *Das Spiel von Ebbe und Flut*	47
Das Verhalten der Okagani-Krabben bei der Frühlingsflut	48
Metallische Spurenelemente im Ozean	51
4. *Die Lebenstemperatur und das Magma der Erde*	55
Die Temperatur des Lebens und der Kreislauf der Energie	55
Kreuzbein und lebendiger Magnetismus	58
Der McGovern-Report und seine Folgen	62

Teil II: Die Wirksamkeit der Spurenelemente

1. *Die Heilwirkung der Spurenelemente*	69
Krebsheilung durch metallische Mikro-Spurenelemente	71
Erste Erfolge bei der Krebsbehandlung	74
Dr. Nojimas Erfahrungen	76
Mikrominerale bei Krebs im Endstadium	78
2. *Elemente und Enzyme aus dem Meer als Schlüssel des Lebens*	81
Nahrung und Enzyme als Quellen der Lebensenergie	81
Was sind organische Enzyme?	82
Wo Leben ist, sind auch Enzyme	84

Aktiver Sauerstoff stört die
Enzymproduktion 86
3. *Metallische Spurenelemente und
Enzymproduktion* 87
Elemente im Meersalz als
»Befehlszentrum des Lebens« 87
Was sind Mineralstoffe? 89
Gefahren der übermäßigen Zufuhr
von Mineralstoffen 92
Die Rolle der Mengenelemente 98
4. *Die Toxizität von Medikamenten* 103
Beeinträchtigung der Enzymproduktion
durch Medikamente 103
Die Warnung von Dr. Joel Wallach 104
Medikamente rauben die Lebenskraft 106
Die beängstigenden Nebenwirkungen
der drei »weißen Gifte« 112

Teil III: Salz und das Schicksal des Menschen

1. *Nahrung, Salz und langes Leben aus
Sicht der Ethnologie* 117
Salz wendet unser Schicksal zum Guten ... 117
Salz und Volk 119
Essenzielle Spurenelemente für
die Leibesfrucht 120
Die erschreckenden Folgen des
Mineralstoffmangels 122

Warum haben Tiere keine Karies? 124
Mit Mineralstoffen 200 Jahre alt werden ... 125
Das Geheimnis des langen Lebens 127
Heilige nehmen eine Mahlzeit,
   Weise zwei Mahlzeiten 130
2. *Die Folgen der Salzrestriktion* 135
Natursalzboom und Küchenrevolution 135
Die neue Vorstellung von
   antioxidativem Salz 138
Was für ein Salz ist antioxidatives,
   reduzierendes Salz? 140
Der trügerische Glaube an die Salzrestriktion 142
Warnungen der amerikanischen
   Ärztekammer vor der Salzrestriktion 144
Die wahren Gründe für Bluthochdruck ... 147
Zurück zur zweitausendjährigen
   japanischen Esskultur! 150
Salzmangel macht die Japaner zu
   Waschlappen 153
Das Salz des Lebens und die richtige Dosis . 155
3. *Salz beherrscht das Schicksal des Menschen* .. 159
Beweise für die Giftigkeit von Kochsalz ... 159
Salz zur Herstellung von Miso und Shôyu . 161

Teil IV: Körperpflege mit EM-Salz

1. *Gesunde Haut* 169
Schöne Haut und Ernährung 169

Kosmetika auf Petroleumbasis
schaden der Haut 170
Wahre Schönheit 172
Schöne Haut für alle 173
Mit EM-Salz zu samtweicher Haut 174
2. *Innere Anwendungen* 177
Körperpflege mit EM-Bokashi-Creme
und Salz 177
Blutreinigung und Diät mit EM-Salz 179

Teil V: Die Entwicklung von EM-Salz

1. *EM – seine Anfänge und seine
wunderbaren Kräfte* 185
Ein glücklicher Zufall 185
Weltweite Erfolge 189
Die Zusammensetzung von EM 192
2. *EM und Salz* 197
EM und die Mineralstoffzufuhr 197
Wozu braucht der Mensch Salz? 201
Das Geheimnis des
ozeanischen Tiefenwassers 206
Die Besonderheiten des Tiefenwassers 210
Tiefenwasser und Syntropie 215
Urbakterien 222
Unterschiedliche Eigenschaften von
Tiefen- und Oberflächenwasser 226
»Höhere Mittel« 231

EM-Salz und das Antioxidations-
  programm 234
Meine Erfahrungen mit EM-Salz 240
Wie viel EM-Salz soll man nehmen? 245

Teil VI: EM-Salz in der Praxis

1. *EM-Salz herstellen* 251
   Das Herstellungsverfahren 251
   Die zwei Arten von EM-Salz –
   Sosei-kaien und Jukusei-kaien 255
   Selbst Salz machen 256
   Die Vermehrung von EM-Salz 257
2. *EM-Salz anwenden* 259
   Wo kommt EM-Salz zum Einsatz? 259
   Erfahrungen mit EM-Salz in der Medizin .. 261

Anhang

Über die Autoren 269
Teruo Higa 269
Ryûichi Chinen 270

Literatur 273
Kontaktadressen und Bezugsquellen 277
Quellennachweis und Schlussbemerkungen .. 283

Einleitung:
Effektive Mikroorganismen (EM) und Salz

Das 21. Jahrhundert dürfte zu einem Zeitalter werden, in dem die mikroskopisch kleinen Effektiven Mikroorganismen (EM) und die Spurenelemente und Mikromineralstoffe immer mehr im Rampenlicht stehen werden. Weil Professor Higa schon viele Bücher über EM veröffentlicht hat, möchten wir hier schwerpunktmäßig über EM-*Salz* und die im Meerwasser enthaltenen Elemente schreiben und uns mit der Rolle der metallischen Spurenelemente und der antioxidativen und reduzierenden Enzyme befassen, denn sie sorgen dafür, dass Zellen, die durch Mutation geschädigt sind, nicht außer Kontrolle geraten und wieder repariert werden. Sie verhindern die Oxidation von vornherein bzw. führen bereits oxidierte Substanzen in eine reduziertere Form über. (Eine zusammenfassende Beschreibung der Eigenschaften und Anwendungsmöglichkeiten von EM finden Sie im Teil V ab Seite 185.)

In den Jahren 1991 und 1992 haben wir angefangen, Meerwasser zu benutzen, um die qualitative Stabilität und Wirksamkeit von aktiviertem EM (EM-A bzw. EMa) zu steigern. Anfangs konnten wir ziemlich gute Erfolge verzeichnen, doch weil dabei in größeren Mengen fast reines Natriumchlorid *ohne* Mineralstoffgehalt benutzt wurde und deshalb in einigen Fällen Schäden an den Feldfrüchten auftraten, haben wir das Ganze abgebrochen.

EM besitzt die Fähigkeit, sich in Meerwasser gut zu vermehren. Deshalb wird aktiviertes EM, das in Japan bei Großprojekten wie bei der Reinigung der Inlandsee Setonaikai und der Ariake-Meeresbucht in Kyûshû eingesetzt wird, zum größten Teil mit Meerwasser angesetzt, und dieses Verfahren erweist sich als äußerst wirkungsvoll.

Im Meerwasser sind ausreichend viele Mineralstoffe enthalten. In der Absicht, diese Mineralstoffe zu nutzen, haben wir fünfzig- bis hundertfach verdünnte aktivierte EM-Flüssigkeit, die mit Meerwasser hergestellt worden war, als Mittel gegen Schädlinge im Mandarinenanbau eingesetzt. Die Wirkungen zeigten sich schnell, dabei war es aber notwendig, gleichzeitig den Boden mit EM zu behandeln. Deshalb haben wir für die Gebiete, in denen man kein Meerwasser benutzen konnte, vorgeschlagen, dem Wasser bei der Herstellung von aktiviertem EM 1 Prozent natürliches Salz mit hohem Mineralstoffgehalt zuzugeben. Wenn dieses EM-A zur Schädlingsbekämpfung bestimmt war, hat man zusätzlich noch 0,05 bis 0,1 Prozent EM-Keramikpulver (EM Super-cera C) hinzugefügt und es in relativ geringer, zehn- bis zwanzigfacher Verdünnung versprüht. Die in Salz enthaltenen Mineralien haben die Kraft, die Schwingungen in EM zu verstärken, doch weil Salz außerdem die Eigenschaft hat, in starkem Maße freie Radikale (aktiven Sauerstoff) zu bilden, muss man besonders gut auf die richtige Konzentration achten.

In dieser Hinsicht könnte man sagen, dass sich ozeanisches Tiefenwasser am besten zur Züchtung von EM eignen würde, denn darin entwickeln sich kaum freie Radikale. Ein solches Verfahren würde sich aber grundsätzlich von der im obigen Abschnitt beschriebenen Methode der Herstellung und Anwendung von EM-A unterscheiden. Dies ist das Hauptthema des vorliegenden Buchs. Auf jeden Fall zeigt das mithilfe der EM-Technologie entwickelte EM-Salz positive Wirkungen nicht nur für die Gesundheit des Menschen, sondern auch in der Landwirtschaft.

Im September 2000 habe ich im Verlag Sôgô Unicom das Buch *EM Igaku Kakumei* (»EM-Revolution in der Medizin«) herausgegeben. In diesem Buch sind die Ergebnisse und Erfahrungen bei der Anwendung von EM, EM-X und EM-Keramik auf den Gebieten der

Medizin, der Hygiene und der Gesundheitspflege zusammengefasst. In der Folgezeit wurden wir darauf aufmerksam, dass es bei den Anwendern von EM-X große Unterschiede in der Wirksamkeit gibt. Unser Prinzip lautet zwar, dass man EM oder EM-X so lange anwenden sollte, bis sich die gewünschte Wirkung zeigt, doch diese Wirkungen fallen je nach Mineralstoffgehalt verschieden aus.

Wenn man in Ländern wie Ägypten und Pakistan oder in Zentralasien, in denen große Landflächen durch die Anreicherung von verschiedenen Salzen im Boden zur Wüste werden, die Böden mit EM behandelt, zeigen sich ausnahmslos ausgezeichnete Resultate.

Hört man von Menschen, die EM-X trinken, ohne dass die erwarteten Wirkungen eintreten, so überwiegt darunter die Zahl derjenigen bei weitem, die um jeden Preis den Verzehr von Salz einschränken wollen.

Aus diesen Gründen und in der Absicht, die »EM-Revolution in der Medizin« voranzutreiben, kam ich zu dem Schluss, dass es notwendig ist, den Mineralstoffgehalt im täglich zugeführten Speisesalz zu erhöhen und seine Schwingungsaktivität zu steigern. So beschlossen wir, unter Einsatz der EM-Technologie ein Salz mit solchen Eigenschaften zu entwickeln, zu produzieren und als Gesundheitsprodukt anzubieten.

Im Hinblick auf den Wert des Salzes gibt es bekanntlich große Unterschiede. Das reicht von einem

Salz, das so umfassende Eigenschaften wie ozeanisches Tiefenwasser besitzt, bis zu einem Salz, das überall nur oxidative Degeneration bewirkt. Ein Salz mit der Funktionalität von Tiefenwasser haben wir als »göttliches Salz« bezeichnet. Dagegen haben wir Salz, das aggressive freie Radikale freisetzt, überall Zerfall bewirkt und generell schädlich wirkt, »dämonisches Salz« genannt.

Auf den ersten Blick sieht das eine Salz aus wie das andere, doch in den Wirkungen zeigen sich je nach Herstellungsverfahren und Mineralstoffgehalt erhebliche Unterschiede. In Salz sind im Allgemeinen überschüssige Ionen enthalten, die in Salzsäure und Schwefelsäure übergehen. Diese überschüssigen Ionen sind die Ursache dafür, dass Salz »dämonisch« werden kann. Auch das traditionelle sonnengetrocknete Meersalz hat sich wegen der Verschmutzung des Meerwassers durch chemische Substanzen und schädliche Mikroben in ein Salz von »dämonischer« Natur verwandelt. Um diese Eigenschaften zu beseitigen, ist es notwendig, das Salz mehrfach mit Hitze zu behandeln und dann in der Sonne zu trocknen, damit die schädlichen oxidativen Substanzen eliminiert werden. Doch sowohl von den Kosten als auch vom technischen Aufwand her ist das nicht so einfach.

In langjähriger Forschung und nach vielen Diskussionen haben wir ein wirksames Verfahren entwickelt, durch das mithilfe der EM-Technologie die im Meerwasser und im Salz enthaltenen oxidativen Substanzen und die Stoffe, durch die freie Radikale gebildet werden, vollständig beseitigt werden. Dabei spielt die »Reifung« des Salzes mit EM und EM-X eine wichtige Rolle.

So ist ein Speisesalz entstanden, das auf den Qualitäten des ozeanischen Tiefenwassers basiert, es in seinen Eigenschaften aber weit übertrifft. Diesem Salz wurde die Kraft gegeben, Wasser und Lebensmittel insgesamt in einen antioxidativen, reduzierenden Zustand zu überführen. Es handelt sich um ein wahrhaft »göttliches Salz«, das als Speisesalz den höchsten Rang beansprucht. Dabei hat sich gezeigt, dass meine ursprünglichen Annahmen zutreffend waren, denn wenn man EM-Salz zusammen mit EM-X nimmt, lässt sich unter anderem die EM-X-Menge erheblich reduzieren, während gleichzeitig die mineralischen Spurenelemente im Salz die Wirkung deutlich verbessern. Weil die Mineralstoffe in diesem Salz ihre volle Wirksamkeit entfalten, befindet es sich in einem antioxidativen, reduzierenden Zustand und kann so seine wahren Kräfte unter Beweis stellen.

Ich hoffe, dass möglichst viele Menschen EM-Salz im Alltag benutzen und damit ihre Gesundheit und Lebensqualität verbessern können.

Teil I:
Mensch, Meer und große Natur – die Wurzeln des Lebens

1.
Das Leben – ein Geschenk aus dem Meer

Wenn das Flugzeug im Landeanflug über Okinawa an Höhe verliert, fällt unser Blick auf den smaragdgrünen Pazifischen Ozean. Sobald von der Farbe des Meeres die Rede ist, dann erscheint den Menschen aus Okinawa dieses Smaragdgrün vor ihren Augen. Dagegen stellen sich die meisten Bewohner der vier japanischen Hauptinseln unter der Farbe des Meers ein tiefes Blau vor und sind deshalb erstaunt, wenn sie hier sozusagen ein neues Meer entdecken.

Die Färbung und die Oberfläche der See verändern sich unaufhörlich, je nach der Jahreszeit, dem Stand der Sonne und der Bewegung der Wolken. Wenn das Licht auf den Wellenmustern wie kleine Juwelen glänzt, leuchtet das Meer in sanfter und traumhafter Schönheit. Für uns Menschen in Okinawa sind die verschiedenen lobenden Attribute, die man der See zugedacht hat – wie »Das Meer ist ein lebendiges Wesen«, »Mutter Meer«, »Leuchtendes Meer« oder »Heimat der Seele« –, mit einem wirklich tiefen Gefühl verbunden und etwas ganz Selbstverständliches.

Japan ist als Inselreich vom Meer umgeben. Seit alter Zeit fühlen wir eine tiefe Verbindung zum Ozean. Die Existenz des Meers scheint unser Leben so weit zu durchdringen, dass wir im tiefsten Herzensgrund das Gefühl haben, immer wieder zu diesem Meer zurückzukehren. Es ist ein besonderer Charakterzug bei dem Volk der Kuroshio-Meeresströmung, Menschen aus allen Ländern ohne Unterschied zu akzeptieren und selbst in ferne Länder zu reisen. In der Sprache der Ryûkyû-Inseln gibt es einen Ausspruch, in dem diese Einstellung zum Ausdruck kommt: »Ichariba chôdê.« (»Wenn man sich begegnet, sind alle Geschwister.«)

Die Menschen in den großen Städten vergessen nur zu oft die Existenz des Meers. Doch kann man sagen, dass in Wirklichkeit Natur und Umwelt auf unserer Erde ihre Stabilität bewahren, weil es diese gewaltigen Mengen von Meerwasser gibt, die zwei Drittel unseres Planeten bedecken. Der Ozean reguliert die Temperaturen, sorgt für den Kreislauf des lebensnotwendigen Wassers und versorgt uns auch damit. Weil die chemische Zusammensetzung des Meerwassers stabil geblieben ist, hat sich die Erde über 3,5 Milliarden Jahre hinweg als ein Ort erwiesen, an dem Leben entstehen und gedeihen kann.

Die Quelle des Lebens – das Meer

In seinem Buch *Lifetide* (»Lebensflut«) schreibt der auch in Japan bekannte englische Verhaltensforscher Lyall Watson (siehe Literaturverzeichnis):

> »Der Mensch ist ein lebendes Museum. Seine Körperflüssigkeiten sind ein vollkommenes Abbild des urzeitlichen Ozeans. Das im Blutplasma enthaltene Natrium und Kalium sowie die verschiedenen Elemente in den Geweben wie Kobalt, Magnesium oder Zink sind völlig identisch mit den Elementen im Urmeer. Das bedeutet, dass das Urmeer in unserem Körperinnern eingeschlossen ist. Was den wirklichen Ozean angeht, so hat er sich im Verlauf mehrerer Eiszeiten ziemlich verändert. Dagegen haben wir in unserem Innern das urzeitliche Meer unverändert bewahrt. Weshalb? Und mit wessen Hilfe? Wenn wir das Gefühl haben, die starken Impulse aus dem eigenen Körper nicht unterdrücken zu können, dann hängt das alles mit dieser ›Lebensflut‹ zusammen.«

Die im Meerwasser gelösten Elemente sind im Großen und Ganzen bekannt und genau analysiert. Doch auch wenn man das ganze Wissen der modernen Naturwissenschaft mobilisiert, lässt sich der Ozean nicht vollständig analysieren und auch Meerwasser nicht künstlich herstellen. Schöpft man es und lässt es einfach in einem Gefäß stehen, oxidiert es und verändert seine Eigenschaften. Weil das Meer lebendig ist, verändert sich sein Wasser ständig, schon während der Zeit, die man zu seiner Untersuchung benötigt. Dabei fangen Bakterien an, aktiv zu werden; das Meerwasser verliert seine Lebendigkeit, beginnt zu oxidieren und unterliegt den subtilen Einwirkungen der ultravioletten Strahlung. Auch wenn das geschöpfte und abgestellte Wasser noch so sauber aussieht, ist es nicht mehr das frische Meerwasser von gestern. Dem entspricht zum Beispiel auch die Tatsache, dass die Lebensdauer des menschlichen Bluts begrenzt ist. Im Meer hat das Wasser starke bakterizide Kräfte, während das beim geschöpften und abgestellten Meerwasser nicht der Fall ist.

Schon seit über zwanzig Jahren schlagen mich die Geheimnisse dieses mysteriösen Meers in ihren Bann. Ich habe in fast allen Gebieten um Okinawa getaucht. Die Welt unter der Wasseroberfläche ist wie ein Museum des Lebens, mit ihren Schwärmen von vielfarbigen tropischen Fischen, ihren zahlreichen seltenen Baum- und Plattenkorallen, den elegant hin und her schwankenden Pflanzen, den gemächlich herumspazierenden Krabben und zahlreichen anderen Meeresbewohnern wie Tintenfischen, Polypen und Muscheln.

Jedes einzelne Lebewesen, dem man im Ozean begegnet, erscheint uns immer wieder neu. Man wird ihrer nicht müde, auch wenn man sie stundenlang beobachtet, und kann dabei sogar vergessen, dass man im Wasser schwimmt.

Die Meereswelt macht mir nicht nur beim Tauchen Freude, sondern hat für mich einen wichtigen Zweck. Mir ging es darum, die Lebensbedingungen im Meer und die hier vorhandene Energie – »die Kraft des Meeres« – körperlich zu erfahren. Außerdem motivierte mich die Frage, wo sich das Meerwasser in der Umgebung von Okinawa zur Salzherstellung eignet. Denn das Rohmaterial für unser Salz ist das Wasser der Kuroshio-Strömung, und letztlich bestimmen die Energie und die Reinheit des Wassers die Qualität des Salzes. Auch bei der Thalassotherapie spielt das Meerwasser eine entscheidende Rolle.

Nach dem gegenwärtigen Wissensstand enthält das Wasser des Ozeans 85 verschiedene Elemente. Das urzeitliche Meer soll dieselbe Zusammensetzung wie das Fruchtwasser oder die Körperflüssigkeiten des Menschen gehabt haben. Die Salzkonzentration betrug allerdings nur etwa ein Viertel des heutigen Meerwassers, denn im Verlauf der Erdentwicklung hat sich die Konzentration allmählich erhöht. Obwohl sein Salzgehalt schwanken kann, schwankt die Mineralstoffzusammensetzung des Meerwassers mit Ausnahme der Magnesiumverbindungen kaum.

Ionenkonzentration der 83 Elemente*
in normalem Meerwasser

	Element		Ion	Konzentration (in mg pro kg Meerwasser)
1	Cl	Chlor	Cl^-	19.360
2	Na	Natrium	Na^+	10.780
3	S	Schwefel	SO_4^{2-}	2.710
4	Mg	Magnesium	Mg^{2+}	1.280
5	Ca	Kalzium	Ca^{2+}	417
6	K	Kalium	K^+	399
7	Br	Brom	Br^-	67
8	C	Kohlenstoff	HCO_3^-	26
9	N	Stickstoff	$N_2NO_3^-$	8,27
10	Sr	Strontium	Sr^{2+}	7,8
11	B	Bor	$B(OH)_3$	4,5
12	Si	Silizium	H_2SiO_4	3,1
13	O	Sauerstoff *(in gelöster Form)*	O	2,8
14	F	Fluor	F^-	1,3
15	Ar	Argon	Ar	0,48
16	Li	Lithium	Li^+	0,17
17	Rb	Rubidium	Rb^+	0,12
18	P	Phosphor	$H_2PO_4^-$	0,062
19	J	Jod	IO_3^-	0,058
20	Ba	Barium	Ba^{2+}	0,016
21	Mo	Molybdän	MoO_4^{2-}	0,011
22	U	Uran	$UO_2(CO_3)_3^{4-}$	0,0032
23	V	Vanadium	$H_2VO_4^{2-}$	0,002
24	As	Arsen	$HAsO_4^{2-}$	0,0017

* Außer den Elementen Wasserstoff und Sauerstoff (in H_2O).

	Element		Ion	Konzentration (in ηg pro kg Meerwasser)**
25	Ni	Nickel	Ni^{2+}	470
26	Zn	Zink	Zn^{2+}	390
27	Cs	Caesium	Cs^+	310
28	Cr	Chrom	CrO_4^{2-}	260
29	Sb	Antimon	$Sb(OH)_6^-$	240
30	Kr	Krypton	Kr	230
31	Se	Selen	SeO_4^{2-}	160
32	Ne	Neon	Ne	140
33	Cu	Kupfer	$Cu(OH)_2^0$	130
34	Cd	Cadmium	$CdCl_2^0$	70
35	Xe	Xenon	Xe	66
36	Fe	Eisen	$Fe(OH)_3^0$	34
37	Al	Aluminium	$Al(OH)_3^0$	27
38	Tl	Thallium	Tl	25
39	Re	Rhenium	ReO_4^{2-}	19
40	Zr	Zirkonium	$Zr(OH)_4^0$	18
41	Mn	Mangan	Mn^{2+}	16
42	Y	Yttrium	YCO_3^+	13
43	W	Wolfram	WO_4^{2-}	10
44	He	Helium	He	6,8
45	Ti	Titan	$Ti(OH)_4^0$	6,2
46	La	Lanthan	La^{3+}	5,6
47	Ge	Germanium	H_4GeO_4	5,1
48	Nb	Niob	$Nb(OH)_6^-$	<5
49	Nd	Neodym	$NdCO_3^+$	3,6
50	Hf	Hafnium	$Hf(OH)_4^0$	3,4
51	Ag	Silber	$AgCl_2^+$	3,2
52	Pb	Blei	$PbCO_2^0$	2,7

** 1 ηg (Nanogramm) = 10^{-9} g.

53	Ta	Tantal	Ta	2,5
54	Er	Erbium	$ErCO_3^+$	1,3
55	Dy	Dysprosium	$DyCO_3^+$	1,3
56	Gd	Gadolinium	$GdCO_3^+$	1,3
57	Ce	Cer	$CeCO_3^+$	1,3
58	Co	Kobalt	Co^{2+}	1,2
59	Yb	Ytterbium	$YbCO_3^+$	1,2
60	Ga	Gallium	$Ga(OH)_2^0$	1,0
61	Pr	Praseodym	PrCO	0,8
62	Te	Tellur	TeO	0,7
63	Sc	Scandium	Sc(OH)	0,7
64	Sm	Samarium	SmCO	0,6
65	Ho	Holmium	HoCO	0,6
66	Sn	Zinn	SnO(OH)	0,5
67	Hg	Quecksilber	HgCl	0,4
68	Lu	Lutetium	LuCO	0,4
69	Tm	Thulium	TmCO	0,3
70	Tb	Terbium	TbCO	0,24
71	Pt	Platin	Pt	0,2
72	Be	Beryllium	BeOH	0,2
73	Eu	Europium	EuCO	0,18
74	Rh	Rhodium	Rh	0,08
75	Pd	Palladium	Pd	0,06
76	Th	Thorium	Th	0,05
77	Bi	Wismut	BiO^+	0,03
78	Au	Gold	$AuCl_2^-$	0,03
79	In	Indium	$In(OH)_3^0$	0,02
80	Ru	Rubidium	Ru	0,005
81	Os	Osmium	Os	0,002
82	Ir	Iridium	Ir	0,00013
83	Ra	Radium	Ra	0,00013

Gegenwärtig beträgt der Salzgehalt in den Meeren um Japan ungefähr 3,5 Prozent. Wenn man das Wasser verdunsten lässt, erhält man ein Salzgemisch, das 86 Prozent NaCl als Hauptbestandteil und 14 Prozent konzentrierte Bitterlauge (japanisch nigari) enthält. Als »Bitter«- oder »Mutterlauge« bezeichnet man eine Lösung, die zahlreiche Mineralstoffe und Spurenelemente in teilweise extrem niedriger Konzentration enthält. Es handelt sich um die lebenswichtigen mineralischen Bestandteile, zu denen die für den menschlichen Organismus notwendigen metallischen Spurenelemente gehören. Unser Körper braucht sie tatsächlich nur in sehr geringen Mengen, doch wenn sie uns fehlen, hat das alle möglichen schädlichen Auswirkungen.

Bekanntermaßen sind die mineralischen Bestandteile in einer Lösung mit einem Viertel des Meerwasser-Salzgehalts und in unseren Körperflüssigkeiten (Blut und Lymphe) fast identisch. Unser Körper ist eine kleine Erde, und in unserem Innern fließt das Wasser des Urmeers. Unter anderem könnte das erklären, warum unser Verhältnis zum Ozean so tief und intim ist und weit über rationale Bewunderung hinausgeht. Die See ist unsere wahre Heimat.

Meerwasser und physiologische Kochsalzlösung

Die Küsten Okinawas werden im Sommer seit jeher von jungen Leuten und Familien aus ganz Japan bevölkert. Sie kommen hierher, als ob sie von der Energie des Meers angezogen würden, auch wenn sie sich dessen als Touristen und Urlauber kaum bewusst sein dürften. Doch anscheinend sucht ihr Körper instinktiv den Ozean als Ursprungsort für die lebenswichtigen Minerale. In Europa heißt es, dass die Menschen sich ganz unbewusst dem Meer zuwenden, wenn sie über Beschwerden der Lunge und der Gliedmaßen klagen. Kommen unserem Körper, der ja das Meer in sich trägt, die metallischen Spurenelemente aus dem Meer in irgendeiner Weise abhanden, dann verliert er seine Lebenskraft und kann im Extremfall sogar sterben.

Indem wir echtes natürliches Meersalz aufnehmen, das wirklich alle Elemente enthält, wollen wir das »kleine Meer« in unserem Innern in der ursprünglichen Zusammensetzung des Urmeers bewahren, und damit folgen wir im Grunde unserem Lebensinstinkt.

Es ist inzwischen weithin bekannt, dass das neue Leben in der Gebärmutter die Evolution des Lebens von den Fischen über Insekten, Vögel und Säugetiere wiederholt. In der Gebärmutter der Frau befindet sich das so genannte Fruchtwasser, das ebenfalls die gleichen mineralischen Bestandteile enthält wie das

Meer. Der Fetus wächst also in einer Umgebung heran, als würde er in einem Meer aus Fruchtwasser schwimmen. Sollte es sich hier um eine zufällige Übereinstimmung handeln?

Vor Milliarden von Jahren gab es eine Zeit, als heftige Regenfälle auf die Erdoberfläche niedergingen. Weil der Regen verschiedene Mineralstoffe von der Erdoberfläche ins Meer spülte, entstand ein salzhaltiger Ozean, der viele Mineralstoffe enthielt. Man sagt, das Leben wurde aus dem Meer geboren. Weil seine Tiefen reich an Nährstoffen und ein Schatzhaus organischer und anorganischer Substanzen sind, war hier die Chance zur Entwicklung des Lebens gegeben.

Selbst heute bewahrt das Meer einen Zustand, in dem mehr Nährstoffe gelöst sind als auf dem Land. Das größte Lebewesen auf dem Erdboden ist der Elefant, aber im Meerwasser kann der Blauwal heranwachsen, der um ein Vielfaches größer ist, und der Riementang gedeihen, der mehrere hundert Meter lang wird.

Erstaunlich ist, dass die ersten zehn Mineralien in unseren Körperflüssigkeiten, im Meerwasser und auf der Erdoberfläche weitgehend übereinstimmen, wenn man sie in der Reihenfolge ihrer Anteile auflistet. So sind Mensch, Meer und Erde, ja sogar die Sterne, aus den Mineralien der gleichen metallischen Elemente zusammengesetzt.

Im Allgemeinen haben wir kein wirkliches Gefühl für unsere tiefe Verbindung mit dem Meer. Doch für viele wichtige Dinge gilt, dass man sich ihrer erst bewusst wird, wenn man sie verliert. Wenn in unserem Körper an irgendeiner Stelle Probleme auftauchen, dann wird uns zum ersten Mal der Wert der Gesundheit bewusst. Und wenn wir krank sind oder uns nicht wohl fühlen, beginnen wir zu begreifen, was für den Körper wirklich notwendig ist.

Als Beispiel für die Beziehung zwischen dem menschlichen Körper und dem Speisesalz kann die physiologische Kochsalzlösung (Ringerlösung) dienen. Dem geschwächten Körper wird eine Infusion mit dieser Lösung verabreicht, wenn der Zustand so kritisch ist, dass man um das Leben fürchten muss. Physiologische Kochsalzlösung entspricht dem Meerwasser in vierfacher Verdünnung.

Während des Zweiten Weltkriegs wurde das Leben vieler japanischer Soldaten gerettet, indem man als Notfallmaßnahme bei großem Blutverlust anstelle einer Bluttransfusion verdünntes Meerwasser benutzte. Solchen schwer verletzten Menschen hat man deshalb Infusionen mit Ringerlösung gegeben, weil Salz bei der Produktion körpereigener Enzyme, die für das normale Funktionieren der Zellstrukturen im menschlichen Körper sorgen, eine entscheidende Rolle spielt.

Die mineralische Zusammensetzung von Ringerlösung und von Meerwasser ist deutlich verschieden, und wenn in einer Lösung außer Natriumchlorid fast keine Spurenelemente enthalten sind, ist die biochemische Aktivität von Enzymen und Zellen erheblich gestört. Zwar kann physiologische Kochsalzlösung mit einem NaCl-Gehalt von über 99,5 Prozent für kurze Zeit den Körper retten, ist aber für eine langfristige Anwendung nicht geeignet.

Die Toxizität des raffinierten Salzes

An der medizinischen Fakultät der Universität von Okayama konnte man das in physiologischen Versuchen mit Fröschen nachweisen. Dabei wurde das Herz aus dem Körper entfernt und an eine Glasröhre angeschlossen, durch die eine Ringerlösung mit natürlichem Meersalz in einer Konzentration wie verdünntes Meerwasser kreiste. In dieser Versuchsanordnung waren das EKG und die Herztätigkeit ganz normal wie für das Herz im lebenden Organismus. Wenn man statt der Ringerlösung jedoch raffiniertes Kochsalz von hohem Reinheitsgrad benutzte, zeigte das EKG schon nach kurzer Zeit keinen Ausschlag mehr. Das bedeutete, dass das Froschherz zum Stillstand gekommen war. Wenn man anschließend dieser Ringerlösung mit raffiniertem weißem Kochsalz eine geringe Menge der im Meerwasser enthaltenen Mineralstoffe wie Kalzium, Magnesium oder Kalium hinzufügt, beginnt das zum Stillstand gekommene Herz wieder zu arbeiten. Aus diesem Versuch hat sich ergeben, dass eine Ringerlösung, bei der ausschließlich Natriumchlorid benutzt wurde, nicht die Kraft hat, das Froschherz weiter schlagen zu lassen.

Auch wenn man Goldfische, die man aus ihrem Teich entfernt hat und die kaum noch am Leben sind, in reinem destilliertem Wasser aussetzt, in das man reines Kochsalz gegeben hat, scheinen sie für kurze Zeit wieder zum Leben zu kommen, sterben aber anschließend sehr schnell.

Die These von Professor Jack Loeb von der University of California in Berkeley, dass »chemisch reines Salz ein Gift ist«, hat weltweit Aufsehen erregt. Durch das physiologische Experiment in Okayama wurde die Giftigkeit von Salz nochmals getestet und nachgewiesen.

2.
Der »Mechanismus« der Natur und der Strom des Lebens

Um auf der Erde Kreislauf- und Regenerationsprozesse in Gang zu halten, ist irgendeine Form von Energie notwendig. Die wichtigste Energie unseres Körpers ist im Blut vorhanden. Es ist die Aufgabe des Herzens, unser Blut zu transportieren und in Bewegung zu halten. Und die Lebensenergie, die unser Herz zum Schlagen bringt, kommt über das Organ Lunge, das eine entscheidende Rolle spielt, indem es durch Mund und Nase unablässig Sauerstoff ansaugt. Diese Kettenreaktion, das Atmen, folgt im Schlaf- und im Wachzustand einem regelmäßigen Rhythmus.

In einem ähnlichen Rhythmus wird Energie in der gesamten Natur erzeugt. »Mensch und Erde«, »Meer und Leben«, »Universum und Erde« sind sowohl als Einheit wie auch als Ganzheit aufzufassen, die einen einzigen »lebendigen Organismus« bilden. Wir verdanken unser Leben der gewaltigen Liebe und Harmonie der großen Natur. Der Mensch ist ein kleines Universum, und die Erde ist in Wirklichkeit ein lebendiger Organismus, der sich unaufhörlich um sich selbst dreht und die Sonne umkreist. Und dadurch, dass die Erde vom Mond umrundet wird, sind wir einer doppelten Anziehungskraft ausgesetzt.

Die Milchstraße soll einen Durchmesser von 100 000 Lichtjahren haben. An einer Stelle, die auf ihrem Radius etwa bei drei Fünfteln liegt, befindet sich unser Sonnensystem. Die Entstehung der Erde vor 4,6 Milliarden Jahren aus einem Bruchstück der Sonne, die den Urknall fortsetzt und im Verlauf der Evolution des Universums dank der Kernfusion und ihrer Energien brennt, kann man schlichtweg nur als »Wunder« bezeichnen.

Yûbô Kan, der Begründer der nach ihm benannten Fußmassage, hat das in einem Buch über die große Natur und die menschliche Gesundheit mit einer eigenen Theorie erklärt:

> »Wenn man einem Körper Energie zuführt, löst das mit Sicherheit eine Gegenbewegung (einen Reflex) aus. Wie wird das zwischen der Sonne als gewaltiger Energiequelle, der Erde und dem Mond ablaufen und wie werden sie aufeinander einwirken? Die Erde, die an ihren jetzigen Ort hinausgeschleudert wurde, brennt in ihrem Innern als

kleine Sonne weiter. Darauf steigen Gase in verschiedener Zusammensetzung (wie Kohlensäuredampf) auf und umhüllen die Erde. Weil sie von den gigantischen Energien der Sonne komprimiert werden, bilden die Gase eine elliptische Hülle um die Erde, die Lufthülle.«

Die Meeresströmungen, die Winde und die Wellen dieses mit Wasser bedeckten Gestirns sind dank der Energien von Sonne, Erde und Mond entstanden. Die extrem starke Verdunstung von Meerwasser im Äquatorbereich ist die auslösende Kraft von Stürmen und Wolken, und das, was die Gezeiten des Meeres steuert, sind vor allem die Anziehungskraft des Mondes und die Zentrifugalkraft der Erde.

Der Segen von Luft und Meer, Sonne und Mond

Der amerikanische Maler und Dichter Schim Schimmel hat in seinem Gedicht »Mutter Erde« geschrieben, dass die Erde nicht »bloß« ein Planet sei, sondern unser Heim. So wie den Menschen gebe es sie nur einmal. Deshalb ist sie etwas ganz Besonderes und sollte immer geliebt und geachtet werden. So wie wir.

Während es unter den Himmelskörpern unzählige verschiedenartige Gestirne gibt, hat dieser Wasserplanet – unser »Raumschiff Erde« –, den man als »größtes Meisterwerk Gottes« bezeichnen kann, den Segen von Sonne und Mond, Meer und Atmosphäre empfangen. Doch im 20. Jahrhundert wurden ihm von der Menschheit in nur wenigen Jahrzehnten schwere Wunden zugefügt. Dabei sollten wir die natürliche Umwelt auf der Erde, die das erhabene Leben hervorgebracht hat, als ein von Himmel und Erde geschaffenes großartiges Wunderwerk betrachten und die Verantwortung und die Verpflichtung übernehmen, diese Umwelt entsprechend zu achten und zu pflegen.

Wälder, aus denen Bäume und Pflanzen verschwinden, werden zur Wüste, und wenn es dann regnet, führen die Flüsse rote Erde mit sich, verschmutzen das Meer und zerstören die Korallenriffe. Stellen Sie sich einmal ein Meer vor, aus dem die Wale verschwinden und in dem es keine Delphine, keine Seekühe, keine Thunfische, keine Tintenfische und keine Polypen mehr gibt. Etwas Trostloseres kann man sich nicht vorstellen. Selbst wenn man dann noch am Leben ist, wird man keine rechte Freude mehr empfinden ...

Die Luft in der Atmosphäre, die aus dem Meer verdampft ist, das von der Sonnenenergie erwärmt worden war, sorgt durch die Konvektionsströmungen von kalten und warmen Luftmassen dafür, dass Wasser aus dem Meer zu Wolken und Regen zu Schnee wird.

Wassermoleküle sind aus Wasser- (H_2) und Sauerstoff (O) zusammengesetzt. Zwischen den beiden Polen der Plus- und Minus-Ionen besteht eine Affinität. Das Atomgewicht von H_2 beträgt 2, das von O beträgt 16; folglich hat Wasser (H_2O) ein Molekulargewicht von 18. Diese Zahl 18 scheint eine tiefe Bedeutung bei manchen Lebensvorgängen zu haben.

Ohne das Vorhandensein von Wasser wäre es nicht zur Entstehung des Lebens auf der Erde gekommen. Die Lava, die aus dem unaufhörlich brennenden Magma im Erdinnern fließt, wurde durch Wasser abgekühlt. Dabei stiegen Gase und Wasserdampf auf, die auf der Erdoberfläche wieder als Regen niedergingen.

So wurde das erste Meer geboren, in dem vor 3,5 Milliarden Jahren das Leben entstand und aus dem vor 500 Millionen Jahren die ersten Lebewesen ans Land gekrochen sind. Durch wiederholte Expansion und Oxidation (Erosion) entstand der Boden, in den dann Wasser einsickerte. Im Boden siedelten sich Mikroben an, und durch die enzymatische Wirkung ihrer Stoffwechselprodukte wurden die anorganischen metallischen Spurenelemente im Boden katalytisch ionisiert. Aus diesen Spurenmineralen entstehen Bioelemente, die durch die Kapillaren lebender Organismen aufgesaugt werden, um Tiere und Pflanzen zu nähren.

In Pflanzen findet die Photosynthese statt, bei der das in der Luft reichlich vorhandene Kohlenstoffdioxid als Nährstoff und Sonnenlicht als Energie dienen und Sauerstoff in großen Mengen in die Luft abgegeben wird. Als Nächstes steht dieser lebensnotwendige Sauerstoff mit der Geburt des tierischen Lebens in Verbindung; und so ist die heutige Erde im Verlauf ihrer Evolution zu einem Schatzhaus für alle möglichen Tierarten geworden.

Während dieser Entwicklungsgeschichte soll durch die Existenz von Farnen, Moosen und Meeresalgen die Ozonschicht der Lufthülle gebildet worden sein. Dies geschah wohl vor zehn Millionen Jahren (während der Mensch vor drei Millionen Jahren auf der Erde erschien). Auf diese Weise wurde in einem langen Zeitraum das Meer geboren, aus dem dann das Leben entstand. Denn nach Vollendung der Lufthülle, die es auf anderen Planeten nicht gibt, ist das Meer zur bevorzugten Bühne des Lebens geworden.

Und so schließt sich ein Kreis. Das Kommen und Gehen, Ebbe und Flut, Ein- und Ausatmen – wir finden es in der gesamten Natur, wie es auch der bereits zitierte Yûbô Kan beschreibt:

»Wenn die Erde, die mitsamt ihrer Lufthülle in einem Winkel von 23,5 Grad gegen die Sonne geneigt ist, das Sonnenlicht empfängt, steigt die Lufttemperatur in Äquatornähe, während an den beiden fernen Polen tiefe Temperaturen herrschen. Nach Auffassung der fernöstlichen Kosmologie ist das Universum (chinesisch Taiji) mit Energie (Qi) angefüllt; die Kälte an den beiden Polen ist Yin, die Wärme am Äquator Yang. Der Energieaustausch von Yin und Yang bringt die Luft in Bewegung und zum Fließen. Durch den Austausch der Luftmassen entsteht ein Rhythmus, ja sogar ein Klang. Der Rhythmus (Liebe) und die Melodie (Harmonie) des Universums werden mit der Erde zu einer Einheit und bilden eine Symphonie. Die Schwingungen jenes Luftaustauschs sind die Energie, die unseren Atem in Gang hält. Wenn die Wellen herandrängen, dehnt sich die Lunge aus; wenn die Wellen zurückweichen, zieht sich die Lunge zusammen. Deshalb stimmen die Wellen der Luft und der Rhythmus unserer Atmung vollkommen überein.«

Die Herztätigkeit, der Angelpunkt des Lebens

In der modernen Physiologie wird gelehrt, dass die Herztätigkeit vom autonomen Nervensystem gesteuert wird. Dies scheint jedoch nicht immer der Fall zu sein. Wenn in den Nervenbahnen keine Wärmeenergie vorhanden ist, findet keine Übertragung von Impulsen statt. Erst wenn Energie da ist, werden Befehle übertragen. Anders gesagt, wenn im Blut keine winzigen Spuren von metallischen Spurenelementen vorhanden sind, lässt sich nicht erklären, dass Enzyme produziert, Dinge bewegt und empfunden werden und für Kreislauf und Regeneration gesorgt wird. Deshalb benötigen wir Salz mit antioxidativen, reduzierenden Wirkungen, in dem feinste Spurenelemente in großen Mengen vorhanden sind. Yûbô Kan schreibt dazu:

> »Das Herz ist der Angelpunkt des Blutkreislaufs. Der Herzschlag befördert das Blut im Kreislauf. Auf der Erde wirkt die Gravitation, die dafür sorgt, dass alle Objekte von höher gelegenen Orten an tiefer gelegene fallen. Das heißt, dass der Blutkreislauf mithilfe der Schwerkraft in Gang gehalten wird. Folglich befindet sich das Herz im oberen Viertel des Körpers, weil das tatsächlich mit den Gesetzen der Natur in Übereinstimmung steht. Alles, was in dieser Welt existiert, ist ein Teil des Universums, und daher ist es unweigerlich dem Einfluss des Universums zu verdanken, dass die Lebewesen atmen können und ihr Herz schlägt.«

Man hat statistisch nachgewiesen, dass der Mensch bei plötzlichen Aktionen fast immer nach links tendiert, weil sich sein Herz auf dieser Körperseite befindet. Auch beim Wettlauf im Stadion geht es links herum; und wenn man einen Spaziergang macht, ist es ganz natürlich, sich links zu halten. Dies scheint ein Grundprinzip menschlicher Bewegung zu sein.

Anfang und Ende des Lebens

Früher war es nicht üblich, dass die Kinder im Krankenhaus zur Welt gebracht wurden. Da wurde zu Hause heißes Wasser vorbereitet, und bei der Geburt nahm die Hebamme das Neugeborene in Empfang. In dieser Form spielte sich die Geburt in einem normalen Haus ab, und so geschah das in Okinawa noch bis kurz nach Ende des Zweiten Weltkriegs. Dabei kann es vorkommen, dass der frisch geborene Säugling weder zu atmen noch zu schreien beginnt. Das geschieht sogar ziemlich oft; in diesem Fall packt die Hebamme das Kind an beiden Füßen, lässt es mit dem Kopf nach unten hängen und klopft auf seinen Hintern. Der Säugling beginnt darauf sofort zu schreien und zu atmen. Wenn er mit dem Kopf nach unten hängt, sackt die Lunge im Brustkorb, und die Nasenlöcher öffnen sich. Wenn man in dieser Position dem Kind auf den Hintern klopft und es schüttelt, tritt Luft durch die Nase ein, weiten sich die Lungenflügel und fangen an, aus- und einzuatmen – das ist die Geburt des Lebens.

Dieser Anblick ist sehr bewegend, und die Hebammen wissen darüber gut Bescheid. Als Beginn des Lebens ist das gewiss ein Moment von symbolischer Bedeutung.

Wenn die Lungenfunktion des Menschen am Ende seines Lebens nachlässt, schwindet die Kraft zu atmen, und der Atem wird immer schwächer und langsamer. Bei Flut werden diese Körperfunktionen in reduziertem, geschwächtem Zustand aufrechterhalten, aber bei Beginn der Ebbe sinkt die Körpertemperatur allmählich; die Lunge hört auf zu funktionieren, und der Atem kommt zum Stillstand.

Darauf zeigt das Herz das Ende an, und die Atmung wird sterbensschwach. Gewöhnlich tendiert man zu der Auffassung, dass der Tod erst eintritt, nachdem das Herz zum Stillstand gekommen ist.

Blutkreislauf und »zweites Herz«

Links und rechts über dem Magen befindet sich die Lunge. Über diesen beiden wichtigen Organen bzw. von ihnen umhüllt liegt das Herz, das ein Viertel der Körperlänge vom Kopf entfernt ist. Diese Position des Herzens bedeutet, dass der menschliche Körper und das Universum eine Einheit bilden, und es beweist, dass der Mensch wirklich perfekt gebaut ist.

Es war Newton, der die Schwerkraft der Erde entdeckte. Das Wasser fließt von höher gelegenen Stellen nach unten zu niedriger gelegenen. Dieses Naturgesetz funktioniert auch im menschlichen Körper. Das aus dem Herzen herausgepumpte Blut unterliegt ebenfalls dem Einfluss der Schwerkraft: Einerseits wird es ähnlich wie beim Springbrunnen hoch in den nahe gelegenen Kopf gepumpt, während es andererseits bis zu den Zehenspitzen nach unten fließt.

Das Blut oberhalb des Herzens, das herausgepumpt wird, wenn das Herz sich zusammenzieht, soll sofort in die darüber gelegenen Gehirnzellen gelangen. Denn diese benötigen mindestens ein Fünftel bis ein Drittel des gesamten Sauerstoffs im Körper. Deshalb muss das Blut zuerst zum Kopf fließen. Das restliche fließt von oben nach unten zu den Füßen und zirkuliert unter Einfluss der Schwerkraft durch den Körper. Die Position des Herzens steht also in einer Wechselbeziehung zur Schwerkraft der Erde. Bekanntermaßen werden mithilfe des Blutkreislaufs die Nährstoffe und der Sauerstoff im Blut, der Wurzel allen Lebens, überallhin im Körper transportiert. Der Mensch kann wegen Sauerstoffmangels nicht weiterleben, wenn der Atem fünf Minuten lang zum Stillstand kommt.

Das Blut wird durch den Herzschlag bis in die feinsten Kapillaren befördert. Die Länge der Adern im menschlichen Körper soll 100 000 Kilometer betragen. Sauberes, dünnflüssiges Blut geht am äußersten Ende in Venenkapillaren über, und dort findet der Gasaustausch statt. Um das Blut, das Rückstände und Kohlensäure enthält, zu erneuern, bedarf es des Zusammenwirkens aller inneren Organe. Danach wird das erneuerte Blut zum Herzen zurückbefördert.

Seit alter Zeit heißt es, dass die Fußsohlen unser »zweites Herz« sind. Wenn man auf den Boden tritt, üben die Energiezentren (Akupunkturpunkte) auf den

Fußsohlen die wichtige Funktion aus, das Blut kraftvoll zurückzudrücken. Deshalb sollten wir die Fußsohlen ständig frei machen und stimulieren. Es empfiehlt sich, auf dem Sand oder Kies am Meeresufer möglichst viel barfuß zu gehen. Auch die elektromagnetischen Schwingungen (statische Elektrizität), die sich im Körper entladen und den Blutkreislauf stören, lassen sich über die Fußsohlen ganz einfach ableiten, wenn man barfuß geht. Bettlägerige Personen können stattdessen das »Fußherz« mit verdünntem reduzierendem Salzwasser massieren.

Wenn man müde ist, legt man sich am besten auf eine harte Unterlage; die Japaner verwenden zum Beispiel Tatami-Matten. Das bewirkt nicht nur eine Verbesserung des Blutkreislaufs, sondern auch eine Ausrichtung der Wirbelsäule. Bewegt man sich im Liegen wie ein Goldfisch (*Kingyô-undô* – eine japanische Gesundheitsübung) oder streckt man die Beine nach oben und schüttelt sie, verschwindet die Müdigkeit schnell. Dabei wenden wir Newtons Schwerkraftgesetz an.

Wenn man ihnen die Beine von den Knien bis zu den Fußsohlen gut massiert und lockert, mit Salzwasser einreibt, dem man EM-X und reduzierendes Salz zugegeben hat, die Durchblutung der Fußsohlen steigert, und wenn sie zum Essen natürliches Salz benutzen, können auch bettlägerige Menschen wieder zu Kräften kommen.

Stellt man sich unseren Körper in vier Teile eingeteilt vor, kann man es leicht nachvollziehen. Es ist auch das Grundprinzip der Fußmassage von Yûbô Kan.

1. Vom Herzen bis zu den Fußspitzen,
2. vom Herzen bis zu den Leisten,
3. von den Leisten bis zu den Knien und
4. von den Knien bis zu den Fußsohlen.

Der Mensch ist ganz gesund, seine Körperflüssigkeiten sind von Lebenskraft erfüllt, und die Enzymproduktion läuft gut, wenn im Blut reichlich Spurenelemente, Nährstoffe und Sauerstoff enthalten sind. Und weil das Blut genügend antioxidative und reduzierende Substanzen enthält, kann es den aktiven Sauerstoff, die Ursache aller möglichen Beschwerden, gut neutralisieren und so regulierend für die Gesundheit wirken.

Um den Puls zu fühlen, gibt es vier Stellen am gesunden Körper: Die erste sind die Schläfen. An den dortigen Energiezentren konzentrieren sich zahlreiche Kapillaren, und dort schlägt auch der Puls.

Die zweite Stelle ist am Schlüsselbein. Dort führt eine Arterie vorbei; und wenn man den Atem einzieht und anhält, kann man den Pulsschlag spüren.

Die dritte Stelle ist der Puls am Handgelenk, den die Ärzte gewöhnlich fühlen, um den Herzschlag zu prüfen.

Bei der vierten Stelle handelt es sich um den Puls,

der bei der Fußmassage nach Yûbô Kan und in der »Wissenschaft vom Ozean und langem Leben« besonders wichtig ist. Er liegt am Innenknöchel, unterhalb des Knochens, etwas nach hinten zu in einer kleinen Vertiefung, die man deutlich spüren kann, wenn man den Fuß nach unten beugt.

Bettlägerige alte Menschen können so schwach sein, dass man den ersten Puls nicht fühlen kann. In jüngster Zeit nimmt die Zahl der Menschen zu, bei denen man den vierten Puls am Knöchel nicht spürt. Auch bei Menschen mit niedriger Körpertemperatur kann man diesen Puls nicht fühlen. Das kommt daher, dass der Blutdruck im Kreislauf so sehr nachlässt, dass er nicht mehr richtig bis zum Fuß hin spürbar ist.

Dafür kann es verschiedene Gründe geben, zum Beispiel eine unzureichende Enzymproduktion im Körper aufgrund der Nebenwirkungen von Medikamenten; aber man kann sich auch vorstellen, dass das Blut verschmutzt und die Lebensenergie absinkt, wenn der Darm altert, weil ihm Substanzen wie metallische Spurenelemente, Vitamine, Aminosäuren oder Fettsäuren fehlen. Außerdem kann das damit zusammenhängen, dass man verlernt hat, die Füße frei zu machen und barfuß spazieren zu gehen.

3.
Das Spiel von Ebbe und Flut

Am Wasserstand der Gezeiten an allen Meeresküsten der Welt können wir erkennen, dass unter der doppelten Einwirkung der Schwerkraft von Sonne und Mond die Flut regelmäßig zweimal täglich die Ozeane aufrührt.

Im Unterschied zur Sturmflut bei Taifunen, die lediglich die Oberfläche des Meers aufwühlt, sind bei einer Springflut die ganzen Ozeane in Bewegung; und diese Energie mobilisiert gleichzeitig auch die Luftmassen. Das übt natürlich einen Einfluss auf das menschliche Leben aus.

Wenn Mond, Sonne und Erde auf einer Linie stehen, das heißt bei der Neumond- oder Vollmondphase, addieren sich die Schwerkraft des Mondes und die Schwerkraft der Sonne, um besonders starke Gezeiten, die so genannten Springfluten (Springtiden), zu bewirken. Der Zeitpunkt des Hochwassers (bei voller Flut) verschiebt sich täglich um fünfzig Minuten nach hinten. Nach vier Tagen wird das Tidehochwasser zu mittlerem Hochwasser.

Wenn Mond und Sonne (bei Halbmond) rechtwinklig zueinander stehen, das heißt bei zunehmendem Mond, heben sich die Gravitationskräfte des Mondes und die Schwerkraft der Sonne teilweise auf. Dann kommt es zur Nippflut (Nipptide), zu niedrigen Gezeiten, dem entgegengesetzten Phänomen zur Springflut. Während der dreitägigen niedrigen Wasserstände folgen täglich eine lange Flut und eine kurze Flut aufeinander. Dann folgen zwei Tage mit mittlerem Hochwasser, und von da an gehen die Gezeiten wieder auf Hochwasser und den Neumond zu. Dies ist der Ablauf der Gezeiten, wie er gewöhnlich erklärt wird.

Das Verhalten der Okagani-Krabben bei der Frühlingsflut

Bei Vollmond wird das Meerwasser mit nützlichen radioaktiven Elementen angereichert. Im Pazifischen Ozean um Okinawa mit seiner relativ schnellen Meeresströmung spielt sich bei der so genannten Ionisierung der Meeresströmung durch das Aufsteigen des Meerwassers aus tieferen Schichten und durch die kos-

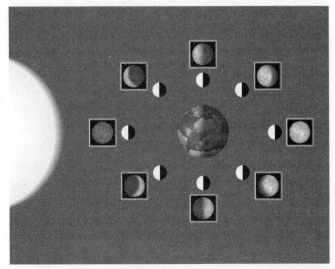

Bei Halbmond stehen Sonne und Mond von der Erde aus gesehen im rechten Winkel zueinander. In dieser Konstellation kommt es zu niedrigen Gezeiten (Nippflut). Stehen dagegen Sonne, Mond und Erde auf einer Achse (bei Neu- oder Vollmond), verursachen die zusammenwirkenden Gravitationskräfte besonders starke Gezeiten (Springflut).

mischen Kräfte der Himmelskörper ein gewaltiges Lebensdrama ab. Mit dem Geigerzähler kann man messen, dass das Meerwasser in 61 bis 73 Metern Tiefe am stärksten kosmisch ionisiert ist. Außer in den Bewegungen der Sonne, der Erde und der Atmosphäre erkennen wir vor allem in der doppelten Anziehungskraft von Sonne und Mond sowie in der Aktivität des Meeres, dass wir eine tiefe Beziehung zum Leben von Tieren und Pflanzen haben.

Im wunderbaren Ozean um Okinawa mit seinen Korallenriffen kommen in der Vollmondnacht im April, der fünfzehnten Nacht nach dem Mondkalender, genau zum Zeitpunkt des Hochwassers, Okagani-Krabben (Cardisoma carnifex) zu Tausenden alle zusammen zum Strand. Bevor die Flut ihren Höchststand erreicht, steigen sie ins Meer, und genau zum Höhepunkt der Springflut legen sie alle zusammen ihre Eier, indem sie den Körper schütteln. Das ist wirklich ein mysteriöser Anblick. Dann nimmt die Flut wieder ab. Zu diesem Zeitpunkt legen auch die Korallen im Riff ihre Eier. Weil sich dabei das Meer ganz rot färbt, spricht man auf der Insel Miyakojima (zwischen Okinawa und Taiwan) vom »Meeresblut«.

Beim Aufsteigen des Tiefenwassers vermischt sich Wasser von leichterem spezifischem Gewicht mit schwererem Wasser. Dieser Austausch erfolgt durch die globale Aufwärts- und Abwärtsbewegung des Meerwassers. Dabei werden organische Nährstoffe und Spurenelemente in den oberen Teil der Korallenriffe transportiert, also an den Laichplatz, wo die Lebewesen am besten gedeihen.

In der Nacht der großen Flut legen auch die Schildkröten ihre Eier. Nach dreimaliger Springflut (alle vierzehn Tage) schlüpfen die kleinen Schildkröten. Warum nach genau 42 Tagen? Weil zwischen diesem Phänomen und den enzymatischen Prozessen ein tiefer Zusammenhang besteht ...

Metallische Spurenelemente im Ozean

Um die Salzherstellung in der ganzen Welt und besonders die Herstellung von natürlichem Meersalz zu erforschen, habe ich viele Reisen unternommen. Vor rund dreißig Jahren schaute ich mir zuerst einmal die Produktion von sonnengetrocknetem Meersalz im Süden von Taiwan an, und danach besuchte ich im Lauf der Jahre die Salzfelder und die Salzhersteller in Indonesien, Thailand, Vietnam, Hawaii, Korea, Australien, Frankreich und anderen Ländern. Bei meinen weltweiten Forschungen zur Produktion von sonnengetrocknetem Meersalz hat sich als Gemeinsamkeit ergeben, dass in allen Regionen mit Salzfeldern das Meerwasser der Vollmond-Springflut benutzt wird. Obwohl die mit der Salzherstellung beschäftigten Menschen ein ganz traditionelles Gewerbe betreiben, scheinen sie nicht recht zu wissen, warum es so gut ist, dabei die Gezeiten zu nutzen. Weil das Meerwasser bei Springflut von allein in größerer Menge in die Salzfelder fließt, ist das eine Art von Geschenk, das die Leute einfach dankbar annehmen. Aber in Wirklichkeit ist im Meer beim Hochwasser der Springflut ein viel wichtigerer, tieferer Sinn verborgen. Zu diesem Zeitpunkt wirken die Gravitationskräfte von Sonne und Mond wie gesagt verstärkt zusammen, und dadurch sammeln sich bei der Vollmondflut in den oberflächlichen Schichten des Ozeans alle im Meerwasser enthaltenen 83 bzw. 85 Elemente, angefangen von metallischen Spurenelementen mit relativ hohem spezifischem Gewicht (im Milligramm- und Mikrogramm-Bereich) und solchen mit extrem niedrigem spezifischem Gewicht (im Nanogramm- und Pikogramm-Bereich; vgl. die Tabelle auf Seite 24 ff.).

Sakae Ashitomi, ein führender Mitarbeiter von Professor Higa, der maßgeblich an der Entwicklung des EM-Salzes beteiligt war, hat dazu Folgendes erklärt:

> »Wenn man Meerwasser, das bei Neumond bei Niedrigwasser geschöpft wurde, und Meerwasser vom Hochwasser der Vollmondflut unter gleichen Bedingungen bei 60 Grad eindickt und trocknet, sind die Kristallstrukturen des jeweiligen Salzes völlig verschieden. Das Salz der Vollmondflut ist sehr grob, und obwohl sein Geschmack nicht verändert und die Bitterlauge nicht abgeschüttet wurden, schmeckt es mild. Dagegen bildet das Salz des Neumond-Niedrigwassers nur sehr kleine Kristalle; es schmeckt stark und bitter und nicht richtig salzartig. Vermutlich hängt das damit zusammen, dass in diesen beiden Sorten von Meerwasser der Gehalt an mineralischen Spurenelementen verschieden ist. Wiederholte Experimente mit der Salzkristallisation haben gezeigt, dass Salz mit einem hohen Anteil an Spurenelementen in allen Fällen grobe Kristalle bildet, sehr schön auskristallisiert und einen milden Geschmack hat.«

Das bekannte »Sel de Guérande« von der Atlantikküste in der Südbretagne ist ein natürliches Meersalz, das in einem über tausend Jahre alten, komplizierten Verfahren unter geschickter Nutzung der natürlichen Gegebenheiten gewonnen wird. Auch in Guérande lässt man das Meerwasser für die Salzherstellung bei der Vollmondflut in die Salzfelder fließen, um daraus dann in mehreren Schritten ein hochwertiges, heilendes Salz herzustellen, das sich wie EM-Salz durch einen relativ geringen Natrium- und Chloranteil sowie antioxidative und reduzierende Wirkungen auszeichnet.

4.
Die Lebenstemperatur und das Magma der Erde

Die Temperatur des Lebens und der Kreislauf der Energie

In einem gesunden, von Energie erfüllten Körper fließt die Lebenskraft mit Schwung. Sowohl im Weltall als auch auf der Erde, sowohl im Wald als auch in den Feldern bewegen sich alle Energien in Kreisläufen. Für Gewässer und Quellen gilt das Sprichwort: »Fließendes Wasser verdirbt nicht.«

Dasselbe trifft auch auf den Körper des Menschen zu. Wenn die Lebensenergie, die Körperflüssigkeiten, die Hormone, die Nervenströme richtig fließen, bedeutet dies, dass er gesund ist.

Es ist die »Nahrung«, die für diese Kreisläufe sorgt.

Mit Nahrung sind hier die Lebensmittel und im weitesten Sinn die Umwelt gemeint. Alles, was durch den Mund, durch die Haut und durch die Einatmung aufgenommen wird, gehört zu unserer Nahrung. Das sind Wasser und Licht, Luft, Kohlenhydrate, Fette, Proteine und Salz sowie Vitamine und Spurenelemente. Der Herzschlag transportiert Nährstoffe und Sauerstoff in alle Winkel des Körpers. In den Venen werden Abfälle und Kohlensäure in Organe wie Lunge, Milz, Leber und Nieren transportiert, um dort gereinigt zu werden.

Seelischer Stress führt zu Störungen der regulären Kreisläufe und auch zur Oxidation des Bluts. Wenn die lebensnotwendigen Nährstoffe (wie Spurenelemente, Vitamine, Faserstoffe, Aminosäuren, Fettsäuren) in ausreichender Menge vorhanden sind, beträgt die Lebenstemperatur im Mittelhirn, in der Wirbelsäule und im Knochenmark 38 Grad Celsius. Die Lebenstemperatur von kälteempfindlichen Personen mit Kreislaufstörungen beträgt ebenfalls 38 Grad, aber bei ihnen werden die Extremitäten kalt. Die Temperaturen sinken dann in Händen und Füßen bis auf 28 Grad, in der Armmitte auf 32 Grad und am Oberschenkel auf 34 Grad.

Um in Armen und Beinen eine normale Temperatur aufrechtzuerhalten, sind Eiweißstoffe und Fette wichtig, doch unbedingt notwendig sind letztlich Multiminerale, die vor allem Salz, Mineralstoffe und Spurenelemente enthalten. Wenn der Organismus nicht genügend Enzyme produziert, kann er die Temperatur nicht auf dem normalen Wert halten.

Bekommt jemand hohes Fieber von 39 oder 40 Grad, herrscht große Aufregung, denn das wird stets als Hinweis auf eine Krankheit gewertet. Menschen mit niedriger Körpertemperatur reagieren hingegen nicht so empfindlich auf ihren Zustand. Wenn man sich aber nicht um die niedrige Körpertemperatur kümmert, kann das zu diversen Beschwerden führen, wie Alzheimer oder Schwindelanfällen, Blutarmut, niedrigem Blutdruck oder Kälteempfindlichkeit. Das wird besonders bei Frauen auch ein Grund für Gesundheitsprobleme sein. Weil bei Tendenz zu niedriger Körpertemperatur die Energie stagniert, kommt es zur Aufladung mit statischer Elektrizität, und deshalb können Belastungen durch leichten Stress auch starke Auswirkungen haben. Dann wird das Gleichgewicht in der Bakterienflora des Darms gestört, und die Verdauungsorgane arbeiten nicht normal.

Weil bei niedriger Körpertemperatur, die Störungen im autonomen, vegetativen Nervensystem (Sympathikus und Parasympathikus) verursacht, der Fluss der Lebensenergie gestört ist, sind folgende Behandlungsmaßnahmen zu empfehlen: Zufuhr von Multivitamin-Präparaten, Ausscheidung von Giftstoffen durch Schwitzen und Erwärmung des autonomen Nervensystems, um den Kreislauf der Körperflüssigkeiten zu verbessern und den Magnetismus des Organismus zu steigern. Wenn der Energiefluss wiederhergestellt wird, werden die Enzyme aktiviert, und das Befinden bessert sich generell. (Im Zweifelsfall oder wenn dieser Zustand über einen längeren Zeitraum bestehen sollte, konsultieren Sie am besten einen Arzt oder Heilpraktiker.)

Kreuzbein und lebendiger Magnetismus

Die Erde hat die Eigenschaften eines Magneten, und deshalb zeigt die magnetische Kompassnadel auch nach Norden. In unserem Körper, der ganz ähnliche Strukturen aufweist, befinden sich über siebzig verschiedene ionisierte metallische Elemente. Da sie die Frequenz der elektromagnetischen Wellen regulieren, ist der menschliche Körper natürlich magnetisch, solange er nicht mit statischer Elektrizität geladen ist. Den Bereich, der dadurch gebildet wird, bezeichnet man als »lebendiges Magnetfeld«. In diesem Bereich werden auch kräftig Enzyme produziert.

Was den in Lebewesen vorhandenen organischen Magnetismus angeht, so sind bei Menschen und höheren Tieren die Knochen am stärksten elektrisch geladen. Das hängt damit zusammen, dass der Mensch ein Meer in sich trägt, wie ja schon ausgeführt wurde. Die Inkarnation des Meers, jenes Schatzhauses der metallischen Elemente, hat sich zu Knochen weiterentwickelt. Das Blut ist ein Urmeer in Bewegung. Im Meerwasser sind 85 Elemente gelöst, und das erklärt, warum sich die entsprechenden Elemente ebenso im menschlichen Körper befinden. Aus diesem Grund wird auch unser Knochenbau brüchig, wenn wir die negativen Ionen im Kalzium der Knochen verlieren, zum Beispiel dann, wenn wir raffinierten weißen Zucker essen.

In diesem Zusammenhang ist es interessant zu wissen, dass das Kreuzbein unter den zahlreichen Knochen beim Menschen am stärksten magnetisch geladen ist. Wenn das Kreuzbein reich an metallischen Spurenelementen wie Mangan, Titan, Platin, Wismut, Selen, Silizium und Germanium ist, funktioniert es wie ein Sender und Empfänger für lebendige Schwingungen. Für Yasumitsu Uchimi funktioniert das Kreuzbein im menschlichen Körper wie ein Funkgerät, das Lebensschwingungen empfangen und senden kann und aus der Natur verschiedene kosmische Botschaften erhält, indem das Keilbein im Kopf und das Kreuzbein in enger Verbindung und Resonanz schwingen.

Ikurô Adachi schreibt in Anwendung seines »Schwingungsprinzips« dazu:

> »Der gewöhnliche Weg dieser Kommunikation verläuft durch die Wirbel vom Steißbein bis zur Brustwirbelsäule. Anscheinend empfangen und

senden alle einzelnen Knochen in der Halswirbelsäule, der Brustwirbelsäule, der Lendenwirbelsäule oder im Kreuzbein bestimmte Frequenzen, kennen die jeweiligen Frequenzbereiche und erfüllen dabei unterschiedliche Funktionen. Das bedeutet, dass auf diese Weise Kontrolle bis zu den letzten Organen bzw. bis zu jeder einzelnen Zelle ausgeübt werden kann.«

Als ich vor über zehn Jahren die Insel Yakushima (zwischen Kyûshû und Okinawa, einer der niederschlagsreichsten Orte der Erde) besucht habe, um dort das Ökosystem und Heilkräuter zu erforschen, und dabei auch die riesigen Zedern kennen lernte, die schon 5000 Jahre lang Jahresring um Jahresring gelegt hatten, kamen sie mir ganz wunderbar vor; und auf einmal sah ich wahre Unsterbliche in diesen Baumriesen. Sie standen hoch in den Bergen in felsigem Gelände, wo man eigentlich keine Nahrungsquellen entdecken konnte. Warum können diese Bäume an jenem Ort, an dem es das ganze Jahr über ständig regnet, auf Felsen ohne Humusschicht Hunderte von Jahren wachsen und überleben?

Heute ist dieses Rätsel leicht zu erklären. Die Zedern von Yakushima saugen die durch den Regen ionisierten metallischen Spurenelemente auf, die außerdem durch die Wurzelsäure gelöst werden. Wenn sie auch nur ein kleines bisschen Nahrung haben und dazu noch ionisierte Luft und zahlreiche gelöste

Spurenelemente bekommen, gedeihen lebende Organismen also im Allgemeinen schon recht gut. Mir scheint, dass diese Zedern uns zumindest das lehren wollen.

Umgekehrt ist es ganz natürlich, dass man zum Beispiel über körperliche Störungen klagt, wenn der Organismus wegen Mineralstoffmangels im Kreuzbein nicht genug Enzyme produziert, der Energiekreislauf schlecht funktioniert, der Körper durch Oxidation degeneriert und steif wird.

Der menschliche Säugling soll heranwachsen, indem er die Lebensschwingungen des Kreuzbeins empfängt. Darüber hinaus lassen sich unter anderem Kopf-, Schulter- und Kreuzschmerzen wunderbar heilen, wenn man die Bissstellung der Zähne korrigiert, und zwar deshalb, weil zwischen dem Kreuzbein und dem Kiefergelenk eine enge Verbindung besteht. Eine Fehlstellung des Kiefers führt automatisch zu einer Fehlstellung des Kreuzbeins, weil die Schwingungen des lebendigen Magnetfelds gestört sind. Mir kommt dabei der Gedanke, dass darin der wunderbare »Mechanismus« des Lebens erkennbar wird und dass dies untrennbar von der Vorstellung ist, dass »das Einzelne das Ganze« und »das Ganze das Einzelne« repräsentiert.

Der McGovern-Report und seine Folgen

Im Jahr 1977 wurden in den USA die Ergebnisse des so genannten McGovern-Reports zu Gesundheits- und Ernährungsproblemen veröffentlicht, der von einem Sonderausschuss des amerikanischen Senats in Auftrag gegeben worden war. Hinter dieser Aufsehen erregenden Veröffentlichung standen damals der ehemalige demokratische Präsidentschaftskandidat und Senator George Stanley McGovern und andere einflussreiche Politiker. Der Bericht, der in über zwei Jahren erarbeitet wurde, umfasste fünftausend Seiten. In der damaligen Zeit des Kalten Kriegs stand hinter diesem Projekt die Sorge der amerikanischen Regierung, dass man den Militärhaushalt reduzieren müsste und letztlich gegen die Sowjetunion den Kürzeren ziehen würde, wenn der Anteil der Gesundheitskosten am Sozialprodukt weiter zunähme. Deshalb wurden für diese Studie alle verfügbaren Daten zu Präventivmedizin und Lebenserwartung, zu Ernährung und Krankheiten in der ganzen Welt gesammelt und von Experten gründlich analysiert und statistisch ausgewertet.

Das wichtigste Ergebnis dieser Untersuchung war die Schlussfolgerung, dass falsche Ernährung die Hauptursache von Erkrankungen bildet. Was die Ernährungsgewohnheiten angeht, so wurde die *traditionelle* japanische Form als vorbildlich bezeichnet. Auf dieser Grundlage wurden ferner konkrete Ziele und

Methoden zur Verbesserung der Ernährungsweise formuliert, welche die Menschen sofort praktisch anwenden konnten.

Was die Amerikaner an diesem Bericht erstaunte, war der kühne Vorschlag, dass die in den USA tätigen Ärzte noch einmal neu ausgebildet werden müssten. Denn sie seien bei ihrer Arbeit davon ausgegangen, dass Bakterien und Viren die Ursachen für Erkrankungen sind und Heilung durch allopathische Medikamente und chirurgische Eingriffe erreicht wird.

Dieser mutige Bericht wurde in der ganzen Welt verbreitet, löste aber in Japan keinerlei Reaktion aus. Das ist unbegreiflich, denn die Gesundheitskosten steigen auch in Nippon Jahr für Jahr, und in der Geriatrie lagen wir damals hinter den USA zurück.

Im Anschluss daran konzentrierte man sich in bestimmten Kreisen der Vereinigten Staaten auf die Verbesserung der Ernährung und Gesundheitsmethoden, die möglichst ohne Medikamente wirkten. Dazu gehörte unter anderem, dass Informationen über die Wirksamkeit gewisser Substanzen angegeben werden sollten, wenn es für die betreffenden Nahrungsergänzungsprodukte (funktionale Nahrungsmittel wie Vitamin- oder Mineralstofftabletten) eine wissenschaftliche Begründung gab. Dabei sollte nicht nur über die pharmakologische Wirkung der betreffenden Produkte, sondern auch über ihre Anwendung, die Ausgangsmaterialien, die Qualität und das Herstellungsverfahren informiert werden. Die Produzenten wurden außerdem verpflichtet, alle für die Verbraucher relevanten, genauen Produktinformationen zu veröffentlichen. Das führte dazu, dass beim Verkauf solcher Erzeugnisse marktwirtschaftliche Prinzipien funktionierten und unangemessen teure Artikel oder wirkungslose, minderwertige Produkte weitgehend einfach aus dem Handel verschwanden.

Diese Entwicklung in den USA blieb nicht ohne Auswirkungen auf die Fachleute in aller Welt, die mit Gesundheitsfragen und Medizin zu tun haben. In den USA bemüht man sich heute vor allem um die ausreichende Zufuhr von einundneunzig verschiedenen Substanzen, die nötig sind, um die Gesundheit auf hohem Niveau zu halten. Dabei handelt es sich um die folgenden essenziellen Bestandteile: sechzig Mineralstoffe, sechzehn Vitamine, zwölf Amino- und drei Fettsäuren.

In Japan hat man diese Ergebnisse weitgehend ignoriert. Stattdessen übernahm man hier ganz einfach die westliche Ernährungsweise mit ihrer Betonung des Fleischverzehrs. Dies hat dazu geführt, dass Krankheiten wie Darmkrebs in Japan sprunghaft zugenommen haben. Es ist zu wünschen, dass die Japaner wieder zu ihrer hervorragenden traditionellen Kost zurückkehren, denn diese zeichnet sich aus durch ein niedriges Redoxpotenzial und eine Fülle von lebenswichtigen Enzymen. Vor allem Sojasoße, die man auch als »schwarzes Lebenswasser des Fernen Ostens« bezeichnet, wird in der ganzen Welt als Königin der

Würzmittel gepriesen. Bei der Herstellung von Sojasoße und in der traditionellen japanischen Küche allgemein spielt Salz eine große Rolle. Qualitativ hochwertiges Salz gehört aber in jedem Land zu einer gesunden Ernährung und einer gesunden Lebensweise.

Teil II:
Die Wirksamkeit der Spurenelemente

1.
Die Heilwirkung der Spurenelemente

Gegenstand der Medizin ist eigentlich das Leben als Ganzes. Die moderne Medizin beschränkt sich in der Regel jedoch darauf, lediglich die Symptome zu behandeln, statt das Leben von vornherein zu schützen und über die Zusammenhänge allen Seins aufzuklären. Aber außer der symptomatischen Methode, die vor allem allopathische Medikamente einsetzt, gibt es noch andere Wege, die Menschheit von ihren Leiden zu befreien. Leben bedeutet Kreislauf und Regeneration. Und in den Kreislaufsystemen des Organismus spielt die Gruppe der Mikro-Spurenelemente, die in dem von uns entwickelten EM-Salz alle enthalten sind, eine zentrale Rolle.

Was uns motivierte, unablässig nach den Mikro-Spurenelementen, der Essenz des Ozeans, zu suchen, war der Wunsch, die wahre Natur des Meers verständlich zu machen. Mit der Kraft des Meers, durch die Kraft der Mikro-Spurenelemente, können alle Leiden vom Erdboden verschwinden.

Alle fortschrittlichen Nationen der Welt leiden unter dem Problem der chronischen Krankheiten und unter Krebs. Aber sowohl Krebs als auch Diabetes, Bluthochdruck oder Neurodermitis sind nach unseren Erfahrungen bereits zu Krankheiten geworden, denen bei entsprechender Vorsorge in den meisten Fällen vorgebeugt werden kann. Der entscheidende Punkt ist das Vorhandensein von Lebensenzymen, denn sie sind es, die unsere Lebensfunktionen regulieren. Wenn man diese Enzyme stärkt, werden auch die Funktionen der Abwehrzellen wie Makrophagen und Killerzellen gestärkt, und alle Krankheiten könnten letztlich geheilt werden. Der Schlüssel dazu liegt bei den Spurenelementen und Mikro-Spurenelementen. Die Spurenelemente stimulieren die Enzymproduktion, und Krebs könnte theoretisch geheilt werden, wenn jeder früh genug essenzielle Spurenelemente zu sich nähme. Es gibt in Japan Ärzte, die ihren Krebspatienten tatsächlich Spurenelemente (in ionisierter gelöster Form), auf deren Heilkräfte wir eher zufällig aufmerksam wurden, verabreichten und sie damit vollständig heilen konnten.

Auch bei EM-Salz, dessen Funktionalität auf ein hohes Niveau gebracht wurde, darf man natürlich vor allem im Hinblick auf seine Wirkung gegen Krebs, aber ebenso bei der Vorbeugung gegen Zivilisationskrankheiten wie Diabetes oder Bluthochdruck ziemlich hohe Erwartungen haben.

Krebsheilung durch metallische Mikro-Spurenelemente

Auch im neuen Jahrhundert dürfte die Gruppe der Mikro-Spurenelemente große Aufmerksamkeit auf sich ziehen. Die Zahl der chemischen Elemente auf der Erde, so wie sie im Periodensystem aufgelistet sind, beträgt 110. Davon kommen 92 in der Natur vor, während die restlichen 18 Elemente künstlich entstehen. Im Meerwasser befinden sich 85 verschiedene Elemente.

In den Ablagerungen von Korallenriffen, die aus dem Meer emporgehoben wurden, förderte man aus 350 Millionen Jahre alten flachen, mineralischen Schichten Minerale in extrem reduziertem Zustand zutage. Inzwischen wurde in klinischen Studien nachgewiesen, dass die aus jenen Mineralen herausgelöste ionisierte Lösung von Spurenelementen bei der Behandlung von Krebs im Endstadium wirksam ist. Mediziner wie Professor Kazumine Kobari von der medizinischen Fakultät der Ryûkyû-Universität benutzen diese Lösung unter anderem auch zur Behandlung von Neurodermitis.

Analysetabelle des »Mikromineral-Wassers«

	Element		Ionen-konzentration (in mg pro Liter)
1	P	Phosphor	135
2	Fe	Eisen	11.900
3	Ca	Kalzium	470
4	Na	Natrium	276
5	K	Kalium	94
6	Mg	Magnesium	7.710
7	Cu	Kupfer	49,3
8	Zn	Zink	50,3
9	Mn	Mangan	395
10	Co	Kobalt	11,7
11	Ni	Nickel	60,6
12	Ge	Germanium	6,195
13	V	Vanadium	23
14	Si	Silizium	46
15	Al	Aluminium	6.850
16	Li	Lithium	7,1
17	F	Fluor	38
18	S	Schwefel	48.200
19	Rb	Rubidium	1,052
20	Sr	Strontium	4
21	Ti	Titan	340
22	Be	Beryllium	0,05
23	W	Wolfram	44,38
24	Se	Selen	2,899
25	Ba	Barium	0,17
26	Mo	Molybdän	0,61
27	J	Jod	0,06

28	Cr	Chrom	58
29	Pb	Blei	0,21
30	As	Arsen	0.073
31	Cd	Cadmium	0,016
32	Hg	Quecksilber	1,933
33	Sb	Antimon	0,341
34	Tl	Thallium	0,032
35	Ga	Gallium	5,206
36	La	Lanthan	0,461

Wie aus der Analysetabelle des »Mikromineral-Wassers« zu ersehen ist, wurde diese mineralische Lösung genau untersucht. Sie enthält 36 verschiedene anorganische Elemente, die auch im Meerwasser vorhanden sind. Dazu gehören fast alle metallischen Spurenelemente, auf die wir seit langem bei unseren Forschungen über natürliches Meersalz unser Augenmerk gerichtet hatten, weil es Mineralstoffe mit signifikanten Heilwirkungen sind. Bei ebenjenen Elementen handelt es sich um die Gruppe der Mikro-Spurenelemente. Ich vermute, dass sich diese »Magier des Lebens«, welche die im menschlichen Organismus vorhandenen zahllosen Arten von Enzymen stärken, bei allen möglichen Beschwerden wirksam anwenden lassen, besonders bei meist unheilbaren Leiden wie der gefürchteten Krebserkrankung.

Germanium ist ein typischer Vertreter dieser Elemente. Es ist ein Metall, das unter anderem die Heilwirkung von koreanischem Ginseng verstärkt. Ferner haben mich auch Elemente wie Wismut, Zinn, Selen, Eisen, Mangan, Phosphor, Magnesium, Vanadium und Titan besonders interessiert.

Die positiv geladenen metallischen Ionen, die nach unseren Vorstellungen in dieser Zusammensetzung und Ausgewogenheit auch in EM-Salz vorkommen sollten, sind vollständig in dieser ionisierten Minerallösung enthalten. Deshalb entspricht die Wirkung von EM-Salz der Ionentherapie, und es bedeutet auch, dass EM-Salz für den Elektronenaustausch im Organismus sorgt (Oxidation – Spaltung ↔ Reduktion – Verbindung).

Erste Erfolge bei der Krebsbehandlung

Mikro-Spurenelemente wurden von Dr. Naotake Nojima, dem Leiter eines Gesundheitsamts in Japan, zum ersten Mal als entscheidender Faktor bei der Krebsbehandlung klinisch eingesetzt. Die Zahl der dadurch geheilten Patienten nimmt täglich zu und hat schon 4000 erreicht. Entsprechende Daten, welche die Wirksamkeit durch vorklinische Tierversuche bestätigen würden, gibt es nicht. Ich habe mich mehrmals mit Dr. Nojima getroffen, um ihn ausführlich über den Zustand der geheilten Patienten zu befragen, und konnte so die Glaubwürdigkeit seiner Erfahrungen überprüfen.

Im Brustton der Überzeugung hat Dr. Nojima mir erklärt: Als ihm anfangs einer seiner Patienten die Lösung mit den Mikro-Spurenelementen brachte, habe er sie halb gläubig, halb zweifelnd eine ganze Weile lang nicht angerührt. Dann kam eines Tages ein kleiner Junge mit Verbrennungen ins Gesundheitsamt gerannt, und er habe sich daran erinnert, dass ihm der Mann, der ihm die Lösung gebracht hatte, seinerzeit sagte: »Sie ist auch gut bei Verbrennungen.« So brachte er sie vorsichtig zur Anwendung. Daraufhin sei die Verbrennung des Jungen wie durch ein Wunder verschwunden, ohne dass sich Wasserblasen gebildet hätten – das sei zum Ausgangspunkt der ganzen Sache geworden. Die Schmerzen des Jungen seien innerhalb einer Viertelstunde vergangen, und als er danach gesehen habe, wie jener friedlich schlief, habe er intuitiv gewusst, dass diese Mineralstoffe etwas ganz Ungewöhnliches sein müssten.

Anschließend sei ihm von dem Mann noch Folgendes zur Wirkung der Minerallösung mitgeteilt worden: »Herr Doktor, diese Mineralstoffe helfen in Wirklichkeit nicht nur bei Verbrennungen, sondern auch bei schweren Krankheiten wie Krebs. Weil ich kein Arzt bin, darf ich sie nicht benutzen, selbst wenn ich wollte. Wie wäre es, wenn Sie sie einmal ausprobieren würden, denn Sie sind ja Arzt?«

Dr. Nojima untersuchte dann genau, ob die Mischung nicht fragwürdige Bestandteile enthielte, die dem Organismus schaden könnten. Außerdem bat er einen Onkologen, einer Patientin, deren Tage gezählt waren, weil man bei ihr Magenkrebs im Endstadium diagnostiziert hatte, die Minerallösung als Getränk zu geben. Natürlich teilte der Krebsarzt seiner Patientin mit, dass für die Lösung keine wissenschaftlichen Daten vorlägen. Auf die Bitten der Verwandten und seines Kollegen hin begann er, sie zu verabreichen, auch wenn die Chance auf Besserung ihres Zustands nur 1 zu 10 000 stand. Weil der behandelnde Onkologe außerdem mitgeteilt hatte, dass eine hundertprozentige Heilung nicht möglich sei, sagte sich Dr. Nojima: »Auch wenn diese Mineralstoffe nicht wirken sollten, dürfte mir deshalb wohl niemand Vorwürfe machen.« Er schwankte zwischen Skepsis und Überzeugung.

Dr. Nojimas Erfahrungen

Die konkreten Einzelheiten teilte mir die Patientin selbst mit: »Nach der Diagnose ›Krebs‹ lautete das Urteil der Ärzte für mich: ›Sie haben höchstens noch ein Jahr zu leben.‹ Als ich in dieser verzweifelten Lage die Mikro-Spurenelemente zu nehmen begann, hörten die typischen Krebsschmerzen nach zwei, drei Tagen auf, und nach drei Monaten waren sogar die Krebszellen verschwunden. Ich selbst kann bis heute kaum glauben, dass ich völlig geheilt bin.«

Nicht nur ihr Mann und ihre Verwandten, sondern natürlich auch alle Beteiligten waren über die vollkommene Wirksamkeit dieses Mittels erstaunt, und das galt auch für Dr. Nojima selbst.

Seither übt er neben seiner offiziellen Position im Gesundheitsamt eine ehrenamtliche ärztliche Tätigkeit in einer Klinik in Tôkyô aus, um den Tumorpatienten diese frohe Botschaft zu bringen und sich so in vorbildlicher Weise in der Krebstherapie zu engagieren.

Die mineralische Lösung wird als »Mikromineral-Wasser« bezeichnet und unter der Regie von Dr. Kobari, dem Leiter dieser Klinik in Tôkyô, als »Gesundheitsgetränk« an ausgewählte Personen weitergegeben.

Dazu bemerkte Dr. Nojima weiter:

»Es gibt einen bestimmten Grund dafür, warum ich als Beamter und als Arzt unter dem Titel *Mit Mikromineralen Krebs völlig heilen* (auf Japanisch) ein Buch veröffentlicht habe und Vorträge halte. Obwohl ich in meiner offiziellen Stellung damit ein großes Risiko eingehe, möchte ich die aufrüttelnde Tatsache der vollständigen Krebsheilung mit Mikromineralen sowohl unter Patienten als auch unter Ärzten bekannt machen. Sollte diese Tatsache anerkannt werden, dann dürfte das zu großen Veränderungen in der medizinischen Welt des 21. Jahrhunderts führen, denn das gibt uns die Möglichkeit, Krebs zu einer Krankheit zu machen, die nicht mehr gefürchtet zu werden braucht.«

Dr. Nojima ist vor sieben bis acht Jahren auf das »Mikromineral-Wasser« gestoßen und hat es erfolgreich in der Krebstherapie angewandt. Als ich diese Resultate an der medizinischen Fakultät der Tôkyô-Universität und befreundeten Ärzten vorstellte, hat mich niemand ernst genommen, denn zu diesem Mittel lagen keine Daten vor, und es war auch nicht als Medikament zugelassen. Das dürfte damit zusammenhängen, dass seine Wirkungen bei der Krebstherapie das medizinische Standardwissen übersteigen.

Diese Wirkungen beschränken sich nicht auf die Besserung des Krankheitsbilds, sondern erstaunlicherweise heilt es bisher einen Krebspatienten nach dem andern. Dies ist ein Wunder, das mit den Mitteln der westlichen Medizin noch nicht zu erreichen war. Und obwohl die Wirkung der Mikro-Spurenelemente in Ärztekreisen und ihren Organisationen nicht anerkannt wird, hat sich Dr. Nojima weiter ernsthaft damit beschäftigt.

Mikrominerale bei Krebs im Endstadium

Tatsächlich hat diese Art von Behandlung bei vielen Krebspatienten im Endstadium bis jetzt erstaunliche

Ergebnisse gebracht, also bei solchen Patienten, die sich in einer ausweglosen Lage befinden, weil sie mit den üblichen Methoden der Schulmedizin wie Operation, Chemotherapie oder Bestrahlung nicht geheilt werden konnten. Ich dachte mir, ob man das nicht wenigstens bei Menschen, die laut Diagnose nur noch ein paar Monate zu leben haben und denen keine Therapie mehr zur Wahl steht, als letztes Mittel einsetzen könnte.

Gewöhnlich erwarten Krebspatienten im finalen Stadium das Ende unter heftigen Schmerzen. Um diese Schmerzen zu lindern, werden ihnen Morphine verabreicht, und es scheint normal zu sein, dass sie dann bei getrübtem Bewusstsein vor Entkräftung sterben. Dagegen wurden die typischen Krebsschmerzen durch die Behandlung mit Mikromineralen in vielen Fällen sofort gelindert. Dr. Nojima meint, damit sollte es möglich sein, bis zuletzt menschenwürdig zu leben, ohne die Angehörigen allzu sehr zu belasten. Dabei sei ihm aufgefallen, dass er die pharmakologischen Wirkungen und Resultate bei der Anwendung von Mikromineralen eher zu unterschätzen schien.

Weiter erklärte Dr. Nojima:

»Schmerzlinderung durch die Einnahme von Mikromineralen kann im Grunde nur dadurch zustande kommen, dass die Krebszellen geschwächt werden und zuletzt der Tumor beseitigt wird. Was ist das Wunderbare an diesen Wirkungen? Und wie kann man diese Wirkungen verstehen, die unsere Vorstellungskraft übersteigen? Ehrlich gesagt, ich wusste nicht, was ich darauf antworten sollte.«

Als die Chirurgen eines anderen Krankenhauses die Röntgenbilder jener ersten Krebspatientin sahen, vertraten sie die Meinung, die Frau sollte auf jeden Fall operiert werden. Diesem Urteil hatte die betroffene Patientin damals zunächst zugestimmt. Als sie jedoch zur Sicherheit eine Magenspiegelung machen ließ, zeigte sich tatsächlich, dass der Tumor im Magen verschwunden war. »Das war nicht bloß eine Wendung zum Besseren, sondern der Krebs war völlig geheilt«, erklärte sie mir.

Dieser Fall einer Krebsheilung durch Mikro-Spurenelemente ist meines Wissens der erste in der Welt. Allerdings lässt sich die erhoffte Wirkung nicht erreichen, wenn diese wunderbaren Mikro-Spurenelemente in oxidiertem Zustand vorliegen. Bei der Entwicklung von EM-Salz wurde das Augenmerk auf diesen Punkt gelegt, und so entstand ein Salz, das Mikro-Spurenelemente enthält und über verstärkte antioxidative und reduzierende Kräfte verfügt.

2.
Elemente und Enzyme aus dem Meer als Schlüssel des Lebens

Nahrung und Enzyme als Quellen der Lebensenergie

An dieser Stelle möchte ich meine eigenen Gedanken zur Entstehung von Krebs vorstellen. Wir haben bereits festgestellt, dass Krebs geheilt wird, indem man die Kraft der Enzyme stärkt, jener »Magier des Lebens«, die überall im ganzen Organismus produziert werden. Bei den Enzymen sind das vor allem die »Reduktionsenzyme« (Reparaturenzyme). Eine wichtige Rolle spielen dabei die positiv geladenen metallischen Mikroelemente, die auch unter den 85 Elementen im Meerwasser vorkommen.

Das Geheimnis liegt in dem als Onkogen bezeichneten Krebsgen. Natürlich trägt jeder Mensch dieses Krebsgen in sich. Bekanntlich existiert dieses Gen nicht, damit in den menschlichen Zellen Krebs ausgelöst wird, sondern damit der Mensch gesund leben kann. Meiner Ansicht nach soll uns dieses Krebsgen auf »das wahre Wesen von Krankheit« aufmerksam machen.

In unserem Körper wird Nahrung zu Blut und Blut zu Fleisch (Proteine) und Knochen. Es sind die zahllosen Enzyme in unserem Körper, die den Prozess der Verdauung, Resorption und Synthese von Nahrung regulieren. Wenn der Mechanismus der Enzymproduktion aus irgendwelchen Gründen gestört ist, dann zeigt sich an den Schwachpunkten unseres Körpers das Phänomen »Krankheit«, zu dem auch Krebs gehört. Heilung von Krebs ist also nicht denkbar ohne die Existenz von Enzymen und die Stärkung ihrer Produktion. Deshalb möchte ich nun über die Enzyme sprechen, denn sie sind der Schlüssel zur Krebsheilung.

Was sind organische Enzyme?

Das »Zeitalter der Enzyme«, das vor mehreren Jahrzehnten im 20. Jahrhundert begonnen hat, wird sich auch im neuen Jahrhundert fortsetzen. Wie wir dargelegt haben, können durch Stärkung der Enzyme fast alle Krankheiten verschwinden. Ich konnte mir jedoch nicht vorstellen, wie stark ihre Wirkungen wirklich wären.

Die »Magier des Lebens« kommen nicht nur im Körper des Menschen vor, sondern in allen Lebewesen wie Tieren, Pflanzen oder Mikroorganismen an allen Orten auf der Erde. Erstaunlich ist die Tatsache, dass diese Enzyme in enger Beziehung zu den Spurenelementen im Meerwasser stehen. Essen wir zum Beispiel Reis, können wir die Existenz von Enzymen in unserem Körper unmittelbar spüren. Wenn wir den Reis gut kauen, wird sein Geschmack im Mund allmählich süß. Das ist auf die Wirkung des Enzyms Amylase in unserem Speichel zurückzuführen. Der Geschmack wird süß, weil durch dieses Enzym die Reisstärke in süße Zuckerstoffe aufgespalten wird. Daran sind auch Mineralstoffe beteiligt.

Wenn wir Fleisch essen, wird es im Magen unverzüglich aufgespalten. Dies geschieht durch die Wirkung von Eiweiß spaltenden Verdauungsenzymen wie Rennin und Pepsin, die durch Katalyse aus Stoffen wie Salzsäure und metallischen Spurenelementen gebildet werden. Derartige Enzyme bezeichnet man als »Diastasen«; sie werden ständig an der Magenwand gebildet.

So werden an allen Stellen im Körper die ebendort benötigten Enzyme gebildet. Weil die Stärke im Reis und in Teigwaren sich durch Magensäure allein nur schwer aufspalten lässt, sind wir auch immer wieder dazu angehalten, gut zu kauen.

Ferner gibt es Enzyme wie Lipase, die Fette zu Fettsäuren verdaut und zum Beispiel die Fettbestandteile in einer Leberwurst aufspaltet. In der Bauchspeicheldrüse wird die extrem alkalische Amylase hergestellt, im Magen Lipase. Diese Enzyme werden in den Dünndarm abgegeben. Um die Verdauungsfunktion zu stärken, kommt dort außerdem noch Gallenflüssigkeit aus Leber und Gallenblase hinzu.

Wo Leben ist, sind auch Enzyme

Die verschiedenen Funktionen der Enzyme sind ähnlich vielseitig wie bei Mikroorganismen, aber Enzyme sind keine Mikroorganismen. Also handelt es sich nicht um Lebewesen, die sich vermehren können. Aber sie unterscheiden sich von Mineralen. Auch wenn sie zum Beispiel aus lebenden Zellen extrahiert wurden und in Kristallform vorliegen, werden sie in Wasser von bestimmter Temperatur wieder aktiv.

Weil die Enzyme keine Lebewesen sind, könnte man denken, dass sie kein Leben besitzen. Doch als Substanzen, welche alle Lebensvorgänge katalytisch steuern, haben sie auch eine Art von Leben. Enzyme sind nicht hitzebeständig, und ihr Leben ist ungewöhnlich kurz. Nach ihrer Bildung sind sie sieben bis 45 Tage lang im Organismus aktiv, wobei sie im Stoffwechsel ständig ersetzt werden. Wenn man Enzyme geschickt extrahiert und trocknet, können sie je nach den Bedingungen ihre Wirksamkeit jahrelang bewahren.

In Übereinstimmung mit ihrem jeweiligen »Posten« erfüllen die Enzyme ihre spezifischen Funktionen. Auf keinen Fall haben sie einen »Nebenjob«. Das bedeutet, dass jede einzelne der rund sechzig Billionen Körperzellen mehrere hundert oder mehrere tausend Enzyme hat. Angesichts dieser Zahlen stellt der Enzymforscher Masanori Watanabe fest, insgesamt dürfte sich die Gesamtzahl der Enzyme auf fünfzig bis sechzig Billiarden (10^{15}) belaufen, doch in Wirklichkeit lasse sich diese Zahl nicht berechnen.

Warum werden in der Natur Enzyme in derart astronomischen Zahlen benötigt? Dafür gibt es einen bestimmten Grund: Die Enzyme sind der »Computer« des intelligenten Organismus. Ihre Arten, Funktionen und Aufgaben sind systematisch festgelegt: Sie wirken perfekt zusammen, folgen normalerweise einer störungsfreien Ordnung und arbeiten Tag und Nacht ohne Unterbrechung. Doch durch Störungen der Organenzyme wie Fieber, giftige Gase, Lebensmittelzusätze, künstliche Geschmacksstoffe, Chemikalien aus der Landwirtschaft, Medikamente, Insektizide, radioaktive Substanzen, Nitrate, Waschmittel, Umwelthormone, Nährstoffmangel, übermäßiges Essen, Bulimie, Lösungsmittel, Drogen und Dehydrationserscheinungen etc. verschlechtern sich die Funktionen im Organismus. Das kann sogar zu lebensgefährlichen

Zuständen führen. Die Existenz der Enzyme ist die Lebensfunktion an sich.

Aktiver Sauerstoff stört die Enzymproduktion

Solange zwischen den Enzymen und der normalen DNS ein enger Informationsaustausch stattfindet, läuft die Enzymproduktion normal und problemlos. Wenn dem Organismus aber ungewöhnliche chemische Substanzen zugeführt werden, entwickeln sich oxidative Enzyme, welche die Gene vorübergehend schädigen. Auf Befehl der in ihrer ursprünglichen Form völlig veränderten DNS werden dann fremdartige Eiweißstoffe produziert. Dadurch kommt es zu plötzlichen Mutationsvorgängen wie der Entstehung von Krebszellen, und der Organismus kann in einen lebensgefährlichen Zustand geraten, der im schlimmsten Fall zum Tod führt.

Am gefährlichsten sind dabei verschiedene allopathische Medikamente. Diese Mittel, die eigentlich zur Heilung von Krankheiten entwickelt wurden, greifen durch ihre Nebenwirkungen die Produktion der verschiedenartigen Enzyme direkt an. Mehr als wir uns vorstellen können, bringen die schädlichen Begleiterscheinungen jener Medikamente die Menschheit in eine ernste Lage.

3.
Metallische Spurenelemente und Enzymproduktion

Elemente im Meersalz als »Befehlszentrum des Lebens«

Alle Lebewesen auf der Erde werden nach ihrem genetischen Code (DNS) in den Zellen, nach ihrer »Blaupause«, geformt. So wie wir Menschen einen Entwurf brauchen, wenn wir etwas aufbauen wollen, so existiert ein Lebenscode, der in alle Lebewesen einprogrammiert ist. Diese Tatsache ist eine der größten Entdeckungen des 20. Jahrhunderts.

Auf Felsen im Meer leben die Schwämme, die den niederen Tieren zugerechnet werden und eine faserartige Skelettstruktur haben. Unter diesen Schwämmen gibt es zwei Arten: rote und grüne. Mit ihnen hat man aufschlussreiche Experimente zum genetischen Code durchgeführt. Dabei werden Schwämme der roten und der grünen Art zunächst zerkleinert und dann noch weiter zerquetscht. Die beiden Arten werden nun vermischt und in ein Versuchsbecken mit künstlichem Meerwasser (einer 3,5-prozentigen Lösung von natürlichem Meersalz) gegeben.

Daraufhin geschieht etwas Erstaunliches: Die grünen und die roten Schwammteilchen setzen sich jeweils mit ihresgleichen wieder zu Schwämmen zusammen, so als hätte man ihnen befohlen, sich genau nach ihrem genetischen Plan zu richten.

Wenn man bei diesem Experiment statt natürlichem Meersalz eine reine Natriumchloridlösung benutzt, funktioniert das nicht. Dagegen setzen sich in natürlichem Meersalz, das die notwendigen metallischen Spurenelemente enthält, wie durch ein Wunder die kleinen Schwammteilchen wieder zu einer Einheit zusammen, und so entstehen vor unseren Augen die Schwämme in ihrer früheren Form aufs Neue.

Das zeigt uns, dass das Leben einerseits aus singulären Einheiten besteht und doch eine Ganzheit ist, andererseits eine Ganzheit ist und doch aus singulären Einheiten besteht. Das können wir von den Elementen im Meerwasser und den Schwämmen über das Wesen des genetischen Codes lernen.

Bei den Tieren, einschließlich des Menschen, bis zu den Mikroorganismen ist die Zahl der Gene nicht sehr verschieden. Bei der Erforschung des Humangenoms (der Masse aller genetischen Informationen im Menschen) hat man entdeckt, dass sich der Inhalt des Plans nicht willkürlich ändert und in der DNS eine großartige Kraft am Werk sein muss – so wie bei den Schwämmen genetisch einprogrammiert ist, dass grüne sich wie grüne und rote sich wie rote verhalten und jeweils selbstständige Organismen bilden.

Wenn Salze ionisiert sind, das heißt, wenn sie in Wasser gelöst werden, übernehmen sie zum ersten Mal ihre Aufgabe als »Befehlszentrum des Lebens«, das den genetischen Code aktiviert. Wir können uns kaum vorstellen, wie sehr die metallischen Mikroelemente bzw. alle Elemente, die in natürlichem Meersalz enthalten sind, für das Leben mit der »Liebe und Harmonie« der Mutter Meer zu vergleichen sind. Denn die Elemente im Meer stärken die Enzyme, die alles Leben steuern, und arbeiten sozusagen hinter den Kulissen, um das Leben »am Laufen zu halten«. Aus diesem Grund wurde Salz seit alter Zeit wie eine »heilige Substanz« hergestellt und behandelt.

Was sind Mineralstoffe?

Wenn man heute in der Welt über gesunde Ernährung spricht, hört man immer wieder die Begriffe »Minerale und Mineralstoffe«. Damit bezeichnen wir die essenziellen metallischen Elemente, welche die Struktur unseres Körpers bilden. Wenn wir von »Spurenelementen« reden, meinen wir metallische Spurenelemente in ionisierter Form. Außerdem gibt es noch nichtmetallische Spurenelemente.

Mineralstoffe gehören mit Vitaminen, Eiweißstoffen, Kohlenhydraten und Fetten zu den fünf Hauptnährstoffen. Metallische Elemente können prinzipiell im Körper nicht synthetisiert werden. Dagegen können die vier anderen Hauptnährstoffe im Körper durch das Zusammenwirken von Salzen und Enzymen hergestellt werden. Das heißt, dass Mineralstoffe die Grundsubstanz des Lebens sind, die wir in ionisierter Form aus der Erde, dem Boden, den Gewässern, der Nahrung, dem Mineralwasser, dem Meerwasser oder den Meerespflanzen aufnehmen müssen. Einerseits lassen sie sich im Körper nicht herstellen, andererseits gehen sie durch Bearbeitung wie Raffinieren, Kochen und Braten rasch verloren. So beträgt der Anteil an Mineralstoffen im geschälten weißen Reis weniger als ein Viertel des Naturreises.

Der menschliche Körper besteht aus den Hauptelementen Wasserstoff mit 60 Prozent, Sauerstoff mit 26 Prozent, Kohlenstoff mit 11 Prozent und Stickstoff mit 2 Prozent. Diese vier Hauptelemente machen zusammen 99 Prozent des menschlichen Körpers aus. Zu dem restlichen Prozent gehören auch die metallischen Spurenelemente wie Magnesium, Molybdän,

Zinn, Zink, Mangan, Chrom, Vanadium, Kobalt und Nickel.

Während sich Verbindungen von Mengenelementen wie Kalzium, Phosphor oder Magnesium relativ leicht nachweisen lassen, hat sich früher kaum jemand für die Spurenelemente interessiert, deren Existenz damals kaum nachgewiesen werden konnte, da sie in zu winzigen Mengen vorkommen und es keine entsprechenden Analysemethoden gab. Doch seit man die IPC-Analysemethode (Ionenpaar-Chromatographie) entwickelt hat, ist es für die Naturwissenschaftler ganz einfach geworden, die Welt der extrem kleinsten Substanzen zu messen und zu analysieren. Die Maßeinheit ppm (»parts per million«) bedeutet, dass in 1 Milliliter Wasser 1 Mikrogramm (= 10^{-6} Gramm) enthalten ist.

Die Welt der metallischen Mikro-Spurenelemente schien so schwer zu fassen wie eine Wolke, und ihre Existenz war früher noch völlig unbekannt. So kann man ohne Übertreibung behaupten, dass die Erforschung der Frage, welche Rolle die Mineralstoffe und besonders die metallischen Mikro-Spurenelemente für den Organismus spielen, gerade erst begonnen hat. Die Beantwortung dieser Frage dürfte auch eine wissenschaftliche Aufgabe der Physik sein.

Tagesbedarf und Bestand an metallischen Spurenelementen

Element	Tägliche Zufuhr (A) (in Milligramm)	Bestand im Körper (B) (in Milligramm)	Verhältnis B/A*
Kupfer	4–5	72	16
Zink	8–15	2300	190
Cadmium	0,2	50	250
Blei	0,45	120	260
Kobalt	0,05	1,20	24
Eisen	12–15	4200	310
Quecksilber	0,02	13	650
Aluminium	5	61	1,40

* Aus dieser Zahl lässt sich ablesen, wie viele »Tagesportionen« ungefähr im Körper gespeichert sind.

Gefahren der übermäßigen Zufuhr von Mineralstoffen

Im Körper eines 60 Kilogramm schweren Erwachsenen befinden sich etwa 10 Gramm Jod. Jod ist für die Enzymproduktion notwendig, denn wenn es fehlt, entwickeln sich allmählich Symptome wie Schilddrüsenunterfunktion, Wachstumsstörungen oder Haarausfall.

Die im Meerwasser enthaltenen 85 Elemente können wir alle unverändert in konzentrierter Form als Speisesalz zu uns nehmen. Die Magnesiumsalze kommen im Blut allerdings in 13,3fach größerer Menge vor. Unter diesen 85 Elementen sind auch solche Giftstoffe wie Quecksilber, Cadmium oder Arsen, doch wenn wir sie als Spurenelemente innerhalb des im Meerwasser gelösten Mengenbereichs zu uns nehmen, sind sie nützlich und wirksam als Elemente, die zur Produktion bestimmter Enzyme notwendig sind. Nach neuesten Forschungsergebnissen kommt es zu Mangelerscheinungen, wenn sie dem Organismus fehlen. Bei der Zufuhr von Spurenelementen in der richtigen Menge kann so Gift zu Medizin werden.

Zink ist ebenfalls ein Element, das bei der Produktion bestimmter Enzyme gebraucht wird und bei täglicher Zufuhr von 50 Milligramm dafür sorgt, dass die Immunkraft gestärkt wird und dass Beeinträchtigungen des Geschmackssinns und der Sexualfunktion beim Mann überwunden werden können. Wenn man jedoch täglich 100 Milligramm Zink zu sich nimmt, wird die Enzymproduktion gestört und lässt nach.

Vitamin C hingegen, das täglich in der Menge von 50 Milligramm zugeführt werden sollte, scheint die Enzymproduktion nicht negativ zu beeinflussen, auch wenn es in über hundertfacher Menge aufgenommen wird, denn der Überschuss kann durch die Nieren ausgeschieden werden.

Im Gegensatz zu manchen Vitaminen ist die Sache bei den Mineralstoffen problematisch, denn hier kann es durch den Einfluss der Stoffwechselsituation und der Hormone sowie durch die Konkurrenz und das

Zusammenwirken mit anderen Mineralstoffen aus der aufgenommenen Nahrung durchaus zu Störungen der Enzymproduktion kommen.

Wenn in unserem Körper irgendwelche Schäden auftreten, so sorgen die Enzyme, die in diesem Fall wirksam sind, mithilfe metallischer Spurenelemente für die Wiederherstellung der Regenerationskraft. Doch diese metallischen Elemente können ihre katalytischen Funktionen nur ausüben, wenn sie in ionisierter Form, in der richtigen Zusammensetzung und in winzigen Mengen im Mikrogramm- (10^{-6} Gramm), Nanogramm- (10^{-9} Gramm) oder Pikogramm-Bereich (10^{-12} Gramm) vorliegen.

Professor George K. Davis von der Universität Florida hat bei seinen Untersuchungen zur Giftigkeit der Spurenelemente nachgewiesen, wie wichtig diese extrem niedrigen Konzentrationen für das effektive Funktionieren sind. Wenn die Konzentration der metallischen Spurenelemente das normale Maß übersteigt, können sie zu Giften werden.

Kommen Spurenelemente in ionisierter Form am Ende der Nahrungskette in höheren Konzentrationen vor, ist Vorsicht geboten, denn sie werden sehr schnell resorbiert. Deshalb sollte man bei der Zusammensetzung von Mineralstofflösungen den Anteil von Elementen wie Arsen, Cadmium und Quecksilber sorgfältig überprüfen. Da aber in EM-Salz alle Mineralstoffe in antioxidativer und reduzierender Form vorliegen, kommt es nicht zu schädlichen Wirkungen.

Hauptwirkungen der Mineralstoffe

Element	Physiologische Wirkung
Natrium	beruhigt die Stimulation von Muskeln und Nerven – reguliert den osmotischen Druck in der extrazellulären Flüssigkeit – hält die Körperflüssigkeiten alkalisch – beteiligt an der Glukoseresorption im Darm und den osmotischen Vorgängen in der Zellwand
Chlor	Bestandteil der Magensäure – hält den pH-Wert und den osmotischen Druck des Bluts konstant
Kalium	reguliert die Herzfunktion und die Muskelaktivität – hält den osmotischen Druck in der Zelle konstant
Magnesium	stimuliert die Muskeln – beruhigt die Nerven – aktiviert die Enzymtätigkeit
Kalzium	bildet Knochen und Zähne – beteiligt an der Informationsübertragung der Zellen – sorgt für Blutgerinnung – stärkt die Kontraktion des Herzmuskels – dämpft die Erregbarkeit der Muskeln – beruhigt die Reaktivität der Nerven auf Reize – aktiviert Enzyme
Phosphor	bildet Knochen und Zähne – harmonisiert die Basizität – bildet Phospholipide und Nukleinsäure – bildet zusammen mit Vitaminen Coenzyme – regelt den Zuckerstoffwechsel – speichert Energie

Eisen	transportiert Sauerstoff und bringt ihn in die Zellen – aktiviert Enzyme – sorgt für Verbrennung von Nährstoffen
Jod	beschleunigt das Wachstum in der Wachstumsperiode – aktiviert den Grundstoffwechsel – verhindert Störungen der Schilddrüse
Mangan	aktiviert die Enzymtätigkeit in Knochen und Leber – beschleunigt das Knochenwachstum
Kupfer	zusammen mit Eisen beteiligt an der Hämoglobin-Bildung – sorgt für Eisenresorption im Darm
Kobalt	beteiligt an der Blutbildung im Knochenmark und der Bildung der roten und weißen Blutkörperchen
Zink	Bestandteil verschiedener Enzyme wie Kohlensäure-Anhydratase und Laktatdehydrogenase – beteiligt an der Synthese von Nukleinsäure und Proteinen
Selen	wirkt antioxidativ und verhindert die Oxidation in Gewebezellen – reguliert die Oxidation im Organismus durch Synthese von Ubiquinon
Schwefel	löst Giftstoffe – beteiligt an Sauerstoffaktivität
Fluor	beteiligt am Aufbau der Knochen- und Zahnsubstanz
Molybdän	Bestandteil der Xianthin-Oxidase in der Leber – Gegenspieler von Kupfer

Hauptwirkungen der Mineralstoffe

Element	Mangelerscheinungen
Natrium	reduzierte Sekretion von Verdauungssäften – Abnahme von Magensäure – Appetitlosigkeit – Müdigkeit – Nervosität – bei plötzlichem starkem Mangel Erschöpfung, Schwindel, Antriebslosigkeit und Bewusstlosigkeit
Chlor	Alkalose durch Chlormangel
Kalium	schwächt die Muskelkraft bis zu Kraftlosigkeit und Lähmungserscheinungen – Lähmung des Darms – Lähmung und Erweiterung der Blase – Trübung der Wahrnehmung – Schwächung der Reflexe
Magnesium	Erweiterung der Blutgefäße und Kongestion – Herzjagen – höhere Erregbarkeit der Nerven
Kalzium	unzureichendes Wachstum – Schwächung von Knochen und Zähnen – Empfindlichkeit der Nerven
Phosphor	Schwächung von Knochen und Zähnen – Brüchigkeit der Knochen
Eisen	Anämie – Ermüdung – Vergesslichkeit – verlangsamtes Wachstum bei Kleinkindern
Jod	Überfunktion der Schilddrüse – Gewichtszunahme – Müdigkeit – Stoffwechsel wird träge und Wachstum hört auf

Mangan	Verlangsamung des Knochenwachstums – Nachlassen der Fortpflanzungsfunktion – Schwäche und erhöhte Sterblichkeit bei Neugeborenen – Ataxie (Bewegungsstörungen)
Kupfer	Abnahme von Hämoglobin und Blutarmut – Risiko von Knochenbrüchen und -deformation
Kobalt	Anämie – anorganisches Kobalt wird kaum resorbiert
Zink	unzureichendes Wachstum – Hautprobleme – Störungen des Geschmackssinns
Selen	unzureichendes Wachstum
Schwefel	reduzierte Sauerstoffaktivität
Fluor	Karies – poröse Knochen
Molybdän	Wachstumsstörungen

Die Rolle der Mengenelemente

Nachdem ich bisher ziemlich ausführlich über die Spurenelemente geschrieben habe, möchte ich mich nun den so genannten Mengenelementen zuwenden. Bei jeder Zelle muss es zwischen dem Zellinnern und dem Zelläußeren einen Unterschied im Ionenpotenzial geben, damit die chemischen Reaktionen ablaufen können, durch welche die in den Körper aufgenommenen Nährstoffe in Energie umgewandelt und die

Rückstände der verbrauchten Energie ausgeschieden werden. Außerdem werden in jeder Zelle Substanzen durch die Zellwände transportiert. Von Natriumionen (Na^+), deren Konzentration im Blut am höchsten ist, weiß man beispielsweise, dass ihre Konzentration im Vergleich zum Zellinnern außerhalb der Zelle wesentlich höher ist. Diesen Unterschied der Ionenkonzentration innerhalb und außerhalb jeder Zelle nennt man »Potenzialgefälle«. Mit anderen Worten, es hängt in erster Linie von der jeweiligen Konzentration von Natrium-, Kalium- und Magnesiumionen innerhalb und außerhalb der Zellen ab, in welchem Umfang die Austausch- und Ausscheidungsfunktionen durch die Zellwand funktionieren.

Hier stellt sich die Frage, auf welche Weise der Potenzialunterschied des Konzentrationsgefälles aufrechterhalten wird. Da Zellwände die Ionen ungehindert passieren lassen, fließen die Ionen langsam von dem Ort mit höherer Konzentration zu demjenigen mit niederer Konzentration. Das müsste dazu führen, dass der Potenzialunterschied sich letzten Endes ausgleicht, aber in der Zellwand gibt es einen Eiweißstoff, der als »Natriumpumpe« bezeichnet wird und der dafür sorgt, dass das Konzentrationsgefälle konstant bleibt. Die Natriumpumpe bewirkt, dass Natriumionen durch die Zellwand nach außen transportiert werden, während sie in der Gegenrichtung Kaliumionen ins Zellinnere befördert. Weil dieser Transport in umgekehrter Richtung von dem Ort mit niederer Konzentration zu demjenigen mit höherer Konzentration verläuft, ist dazu natürlich eine Energiequelle notwendig.

Ionenkonzentration innerhalb und außerhalb der Zellen

Kationen	intrazelluläre Flüssigkeit (mÄq/l)	extrazelluläre Flüssigkeit (mÄq/l)	Anionen	intrazelluläre Flüssigkeit (mÄq/l)	extrazelluläre Flüssigkeit (mÄq/l)
Na^+	10	145	Cl^-	10	100
			HCO_3^-	10	27
K^+	150	5	SO_4^{2-}	15	1
			organische Säuren	5	
Ca^{2+}	2	2	PO_4^{3-}	142	2
Mg^{2+}	15	2	Eiweißstoffe		19

Die extrazelluläre Flüssigkeit ist reich an Natriumionen. Durch Bewahrung eines konstanten osmotischen Drucks können sie effektiv einen übermäßigen Flüssigkeitsverlust verhindern. Die mit den Natriumionen konkurrierenden Kaliumionen sind die wichtigsten positiven Ionen innerhalb der Zellflüssigkeit. Ihre Aufgabe ist es, die Konzentration von Wasserstoffionen in den Körperflüssigkeiten bzw. das Gleichgewicht des Säure-Alkali-Potenzials in unserem Blut zu bewahren.

Um die Ionenkonzentration auf beiden Seiten der Zellwand ständig auf einem bestimmten Niveau zu halten und den Verlust der die Zellwand passierenden Ionen zu verhindern, verbraucht die Zelle ziemlich viel Energie. Dieser Transport, der so viel Energie benötigt, wird als »aktiver Transport« bezeichnet. Die dabei notwendige Energie wird durch Aufspaltung von ATP (Adenosintriphosphat) in ADP (Adenosindiphosphat) erzeugt. Falls aber zum Beispiel durch verringerte Salzzufuhr der Anteil an essenziellen Bioelementen extrem abnimmt, verlieren die Zellen in den einzelnen Körperorganen die grundlegende Fähigkeit, für das Ionengleichgewicht zu sorgen.

Wenn dabei die Salzkonzentration in den Körperflüssigkeiten unter 0,6 Prozent sinkt, reagiert der Körper sofort mit einem Erschöpfungsgefühl, und die fundamentale Körperkraft nimmt dramatisch ab. Bei Männern führt das zum Verlust der Sexualfunktion und der Potenz. Dies entspricht einem Verlust an Redoxpotenzial im menschlichen Körper.

Die Salzkonzentration im menschlichen Blut beträgt gewöhnlich 0,875 Prozent. Manche Ärzte empfehlen zwar in ziemlich verantwortungsloser Weise, die Salzzufuhr so zu reduzieren, dass dieser Wert unter 0,5 Prozent sinkt, doch wenn die Salzkonzentration weniger als 0,2 Prozent beträgt, kann der Mensch nicht weiterleben. In solchen Fällen verabreichen die Ärzte dann wiederum eine Infusion mit physiologischer Kochsalzlösung. So etwas ist schon eine bittere

Ironie! Trinkt man dagegen Meerwasser, weil man Durst hat, kann das unter anderem dazu führen, dass das Ionengleichgewicht im Blut massiv gestört wird, die Kehle furchtbar wehtut, Schmerzen und Atemnot auftreten und es schlimmstenfalls sogar zum Tod kommt. Denn der Mensch hat nur eine relativ kurze Harnröhre, und die Nierenfunktion reicht nicht aus, um einen größeren Salzüberschuss zu beseitigen.

Salzrestriktion kann auch dazu führen, dass Nerven- und Gehirntätigkeit ungewöhnlich stark gestört werden und die normale seelische Verfassung nicht bewahrt wird. Im schlimmsten Fall kann die betroffene Person Muskelkrämpfe bekommen und nicht mehr aufstehen. Außerdem sind davon nicht nur die Organe, sondern auch die Erneuerung des Knochenbaus betroffen. Bei Kleinkindern führt das zu Wachstumsstörungen. Auch wenn man kein natürliches Meersalz bekommt, sollte man deshalb nicht völlig auf Salz verzichten. Selbst wenn man lediglich Steinsalz oder raffiniertes weißes Salz zur Hand hat, kann man es im Notfall für kurze Zeit benutzen. Für Tier und Mensch ist es ungemein wichtig, den Salzanteil und die Spurenelemente durch eine bestimmte Ionenkonzentration im richtigen Gleichgewichtszustand zu bewahren. Unser Ziel sollte es sein, den Salzgehalt in den Körperflüssigkeiten, also die Konzentration von Chlor-, Natrium-, Kalium-, Magnesium- und Kalziumionen, auf konstantem Niveau zu halten. In dieser Hinsicht kann EM-Salz von großem Nutzen sein.

4.
Die Toxizität von Medikamenten

Beeinträchtigung der Enzymproduktion durch Medikamente

Vor Jahrzehnten kam es in ganz Japan einmal zu einem Ärztestreik, der mehrere Tage lang andauerte. Erstaunlicherweise nahm in dieser Zeit die Zahl der Todesfälle ab. Eigentlich wäre es nicht verwunderlich gewesen, wenn die Zahl der Todesfälle zugenommen hätte, als die Ärzte, deren Aufgabe es ist, todkranken Patienten zu helfen, ihre Arbeit boykottierten. Doch stattdessen war das Gegenteil der Fall. Ob das etwas mit den zahlreichen schädlichen Nebenwirkungen der Medikamente zu tun hat, die sie üblicherweise verabreichen?

Auch im modernen Japan leidet die Gesundheit

der Menschen unter dem Einsatz von Agrarchemie und toxischen Lebensmittelzusatzstoffen, unter verschmutztem Wasser, hochgiftigem Dioxin, das bei der Müllverbrennung und der Industrieproduktion ausgestoßen wird, sowie saurem Regen und Stickoxiden, die durch Autoabgase verursacht werden. Doch mehr noch als durch solche Umweltgifte wird die Produktion der lebensregulierenden Enzyme durch die direkte Verabreichung und den erschreckenden Missbrauch von chemischen Medikamenten direkt angegriffen und stark beeinträchtigt. Besonders der negative Einfluss auf die DNS ist unermesslich. Je mehr derartige Medikamente man zu sich nimmt, desto eher leidet der Körper unter ihren Nebenwirkungen und gerät in einen Schwächezustand, in dem die Abwehrkräfte abnehmen.

Die Warnung von Dr. Joel Wallach

Der amerikanische Medizinprofessor Joel Wallach, der 1991 für den Nobelpreis nominiert wurde, hat auf dem Gebiet der Präventivmedizin wichtige Beiträge geleistet. Er berichtete, dass die Ralph-Nader-Medizinergruppe schon im Januar 1991 in den USA einen ausführlichen Forschungsbericht von 1500 Seiten über die Todesursachen in den Vereinigten Staaten veröffentlicht habe. Darin wurde festgestellt, dass jährlich etwa 300 000 Amerikaner durch »unsinnige« Behandlungen »getötet werden«. In diesem Bericht steht zum Beispiel nicht: »Das Leben konnte nicht gerettet werden«, oder: »Alle Hilfe kam zu spät«, sondern es ist ganz eindeutig vom »Töten« die Rede. Im Vergleich dazu seien in den etwa zehn Jahren des Vietnamkriegs rund 56 000 amerikanische Soldaten umgekommen. Wegen dieses Kriegs hatten Hunderttausende demonstriert, und es ereignete sich 1970 an der Kent-State-Universität von Ohio jener schreckliche Zwischenfall, bei dem vier demonstrierende Studenten von der Nationalgarde erschossen wurden. Doch obwohl die praktizierenden Ärzte, die eine staatliche Approbation erhalten hätten, mit finanzieller Unterstützung der Steuerzahler für den Tod von jährlich etwa 300 000 Menschen verantwortlich seien, sehe man nirgendwo auch nur ein einziges Spruchband mit dem Slogan »Schützt euren Körper vor den Ärzten« …

Deshalb ging Wallach sogar so weit zu appellieren: »Wenn ihr in Gesundheit leben wollt, geht nicht zum Arzt. Wenn ihr ins Krankenhaus geht, werdet ihr schon zur Hälfte umgebracht.«

Ärztliche Hilfe ist im akuten bzw. im Notfall natürlich unerlässlich, doch zur dauerhaften Aufrechterhaltung der Gesundheit verweist auch Wallach vor allem auf die im McGovern-Report erwähnten 91 essenziellen Nährstoffe. Wenn die nicht in ausreichender Menge zugeführt werden, dann entwickle der Mensch Krankheiten infolge dieses Mangels.

Medikamente rauben die Lebenskraft

Auch in Japan werden die Nebenwirkungen von Medikamenten im Allgemeinen auf dem Beipackzettel nicht so beschrieben, dass sie für normale Bürger verständlich sind. Und bei Ärzten sowie Pharmazeuten ist hier nur wenig Neigung zu erkennen, etwas in dieser Hinsicht zu unternehmen. Deshalb möchte ich in gekürzter Form eine Sieben-Punkte-Liste derjenigen Medikamente vorstellen, die durch ihre Nebenwirkungen die Enzymproduktion ruinieren. Diese Liste stammt aus dem japanischen Buch *Kusuri wa doku da* (»Medizin ist Gift«) des renommierten Arztes Dr. Toyoyuki Tamura:

1. *Antibiotika öffnen dem Medikamentenmissbrauch Tür und Tor.*
   »Die Frage der Sicherheit von Antibiotika und der Gefährlichkeit ihrer Nebenwirkungen hängt zusammen mit dem Problem der Medikamente insgesamt. Auch das Problem, in welchem Maße ein Leben in Abhängigkeit von Medikamenten bzw. der Medikamentenmissbrauch die menschliche Gesundheit beeinflussen, zeigt sich bei den Antibiotika in deutlicher Form. In der Mitte des 20. Jahrhunderts hatte die Menschheit mithilfe der Antibiotika zahlreiche Krankheiten überwunden, die bisher als schicksalhaft und unheilbar galten. So besiegte Penicillin Lungenentzündungen und

Syphilis, und Streptomycin vertrieb die Tuberkulose. Außerdem wurde mit Mitteln wie Tetrazyklin und Chloramphenicol die Entwicklung von Antibiotika so weit getrieben, dass man mit einem einzigen Medikament eine Vielzahl verschiedener Bakterien bekämpfen konnte. Das führte dazu, dass das Vertrauen in Antibiotika zunahm und diese Mittel die zentrale Stellung bei allen Behandlungen einnahmen. Mit anderen Worten, man war in ein Zeitalter gestürmt, in dem man die Bewahrung der menschlichen Gesundheit den Medikamenten und besonders den Antibiotika anvertraute. Doch unter diesen Umständen kamen auch die furchtbaren Nebenwirkungen der Antibiotika zum Vorschein, die vielen Menschen die Gesundheit und das Leben raubten. Heutzutage sind wir zu der Einsicht gelangt, dass Antibiotika die gefährlichsten Medikamente sind.«

Obwohl seit Dr. Tamuras warnenden Worten mehr als vierzig Jahre vergangen sind, ist im japanischen Gesundheitssystem, das sich immer noch allzu sehr auf Antibiotika verlässt, keinerlei Anzeichen eines Wandels zu erkennen. Der Glaube an diese Medikamente lässt sich mit demjenigen einer neuen Sekte in der modernen Gesellschaft vergleichen. Die Verwendung von Antibiotika mag in bestimmten Fällen sinnvoll sein, aber vor allem ihr unnötiger Einsatz selbst in Bagatellfällen hat dazu geführt, dass viele Viren, Bakterien,

Pilze etc., die mit ihnen bekämpft werden sollen, resistent gegenüber diesen Mitteln geworden sind ...

2. *Schmerzmittel unterdrücken die Schmerzen und schwächen den Körper.*
»Was Sie unbedingt über Schmerzmittel wissen sollten, ist die Tatsache, dass sie zwar die Schmerzen lindern, aber deren Ursache nicht beseitigen. Analgetika wirken auf das zentrale Nervensystem, eine der wichtigsten Funktionen im menschlichen Körper, und betäuben die Schmerzen nur vorübergehend. Als Medikamente, die wegen ihrer Nebenwirkungen für zahlreiche Unfälle sorgten, stehen Mittel, die auf das zentrale Nervensystem wirken, hinter Antibiotika an zweiter Stelle.«
Da sie außerdem die Enzymproduktion vernichten, sollte man sie nur in Notfällen, aber nie leichtfertig benutzen.

3. *Blutdrucksenkende Mittel stecken voller Nebenwirkungen.*
»Einfach zu denken, dass es gut sei, hohen Blutdruck zu senken, und deshalb blutdrucksenkende Mittel zu verabreichen, ist gefährlich. Wenn der Blutdruck durch solche Medikamente zwangsweise gesenkt wird, gibt es Stellen im Körper, zu denen das Blut nicht mehr gelangen kann. Im Gehirn kann das unter anderem zur Folge haben,

dass es zeitweise zu einem Zustand der Blutleere kommt. Das kann zu Depressionen führen oder sogar Gehirnblutungen, Schlaganfälle und Gehirnerweichung auslösen. Außerdem beschleunigen die Nebenwirkungen blutdrucksenkender Mittel den Alterungsprozess und sind an der Entstehung der Alzheimer'schen Krankheit beteiligt.«
Besprechen Sie mit Ihrem Arzt oder Heilpraktiker, wann der Einsatz solcher Mittel nötig ist, und sorgen Sie auf Dauer für eine natürliche Regulation Ihres Blutdrucks.

4. *Hormonpräparate der Nebennierenrinde rauben die Lebenskraft.*
»Es scheint kaum ein anderes Mittel zu geben, das bei allem und jedem so gut wirkt wie die Hormonpräparate der Nebennierenrinde (wie zum Beispiel Kortison). Aber es gibt auch keine andere Arznei, die überall im ganzen Körper so viele Nebenwirkungen auslöst. Ein Medikament, das die Ärzte anfangs benutzten, war ein Hormonpräparat der Nebennierenrinde namens ›Prednison‹. Durch eine einzige Prednison-Spritze konnten heftige Rheumaschmerzen umgehend gelindert werden. Doch wenn sich Patienten dieses Mittel über längere Zeit injizieren ließen oder es oral einnahmen, führten seine Nebenwirkungen plötzlich zu Magengeschwüren.«
Die meisten Patienten verlassen sich auch in Baga-

tellfällen auf dieses Medikament, obwohl das im Grunde sehr gefährlich ist.

5. *Sulfonamide – die Wirkungen lassen nach, die Nebenwirkungen bleiben.*
»Sulfonamide sind Medikamente, die unter anderem wirksam zur Unterdrückung von eitrigen Entzündungen eingesetzt werden. Keine anderen Mittel außer Antibiotika sind in der ganzen Welt so intensiv erforscht worden, denn schließlich ging es um Medikamente, die ohne negative Wirkungen auf den Organismus ausschließlich die pathogenen Keime abtöten sollten. Zu den häufig auftretenden Nebenwirkungen von Sulfonamiden gehören jedoch unter anderem Hautauschläge und Nekrosen. Sulfonamide können auch das Blut, die Nieren und das Herz schädigen.«

6. *Beruhigungsmittel verwirren den Geist.*
»Seelische Unruhe, Ängste und andere emotionale Probleme gehören nun einmal zum menschlichen Leben. Sie können zu Schlaflosigkeit, Neurosen und seelischen Störungen führen. Derartige seelische Leiden werden mit Beruhigungsmitteln, den so genannten Tranquilizern, behandelt. Dabei kam es jedoch zu unerwarteten Nebenwirkungen. Denn die Mittel, die eigentlich die Seele beruhigen sollten, bringen stattdessen die Seele in Unruhe und Verwirrung und haben so starke Nebenwir-

kungen, dass sie sogar Selbstmord und Gewalt auslösen. Auch plötzliche Todesfälle, für die keine Gründe zu finden sind, scheinen mit der übermäßigen Einnahme von Tranquilizern zusammenzuhängen. Wenn diese Mittel von Schwangeren eingenommen werden, kann es beim Embryo zu Missbildungen kommen … Die Pharmaindustrie hat heftig gegen Verkaufsbeschränkungen für diese Mittel protestiert.«

7. *Narkotika – Lokalanästhesie ist gefährlicher als Vollnarkose.*
»Unter allen Medikamenten sind es die Narkotika, welche die meisten tödlichen Schocks auslösen. Professor Toyoharu Matsukura von der Universität Ôsaka kam in einer Studie zu dem Ergebnis, dass in Japan unter 254 Todesfällen durch medikamentösen Schock 140 von Narkotika verursacht waren. Und so seltsam es auch klingen mag, zu Narkoseunfällen kommt es sehr viel häufiger bei Lokalanästhesie – wie zum Beispiel beim Zahnarzt – als bei Vollnarkose.«
Weil Schmerzen nur schwer zu ertragen sind, sollten wir uns um Vorbeugung bemühen. Narkotika schwächen kurzfristig auch das Immunsystem.

Die beängstigenden Nebenwirkungen der drei »weißen Gifte«

Die Enzymproduktion im menschlichen Organismus wird nicht nur durch die Nebenwirkungen von Medikamenten behindert. Das gilt genauso für die drei »weißen Gifte«, die wir in unserem alltäglichen Leben benutzen. Das sind chemische Geschmacksverstärker (zum Beispiel Glutamat), chemisch reines Kochsalz (raffiniertes weißes Salz) und raffinierter weißer Zucker. Diese drei so genannten weißen Gifte ruinieren die Enzymproduktion von Grund auf. Die körperliche Schwäche unserer Kinder steht damit in engem Zusammenhang. Es ist wirklich eine schlechte Gewohnheit, beim Kochen Zucker zu verwenden.

So sind heutzutage auch bei Kindern Karies und Kurzsichtigkeit ganz normal geworden, doch das hat einen einfachen Grund. Zwischen Zähnen und Augen besteht angeblich kein Zusammenhang, in Wirklichkeit ist es aber derselbe Hauptfaktor, der den Körper unserer Kinder schwächt. Um ihre Funktion zu erfüllen, benötigen die haarfeinen Augenmuskeln, welche die Sehstärke regulieren, Kalzium und Magnesium im Verhältnis zwei zu eins sowie Phosphor. Weißer Zucker ist aber beispielsweise ein Kalziumräuber.

Auch durch Getränke mit hohem Zuckergehalt wie Cola oder andere Soft Drinks wird Kalzium »gestohlen«. Dadurch werden die Knochen brüchig, die

Enzymproduktion lässt nach, und das führt dann zu Karies, Knochenbrüchen oder Kurzsichtigkeit. Die schädlichen Auswirkungen von Cola auf den Knochenbau wurden in Tierversuchen nachgewiesen. Darüber hinaus schädigt ein Mangel an Vitamin B_1, der ebenfalls durch Zucker verursacht wird, die Augen. Auch die Verwendung von süßer Zahnpasta ist ein schlimmer Fehler. Wenn Kinder sich morgens und abends die Zähne damit putzen, stumpfen ihre Geschmacksnerven so sehr ab, dass ihnen am Ende nur noch Süßes schmeckt. Zu den beliebten, aber schädlichen Süßigkeiten gehört auch Kaugummi.

Teil III:
Salz und das Schicksal des Menschen

1.
Nahrung, Salz und langes Leben aus Sicht der Ethnologie

Salz wendet unser Schicksal zum Guten

In dieser Welt gibt es Salz, das unser Glück herbeiruft, und Salz, das unser Glück verjagt. Das Schicksal des Menschen war früher mehr als heute dem Wechselspiel von Naturereignissen oder Kriegen unterworfen, aber in der modernen Gesellschaft sind dafür die Lebensweise und besonders Gesundheit und Krankheit von entscheidender Bedeutung. Denn wenn man seine Gesundheit verliert, verliert man alles. Schließlich gilt die Gesundheit als das höchste Gut des menschlichen Lebens. Dabei ist Salz der entscheidende Faktor. Zwar werden viele Leute behaupten: »Salz ist Salz«, aber wie schon beschrieben wurde, gibt es tatsächlich sowohl »dämonisches« Salz, welches das menschliche Schicksal negativ beeinflusst, als auch »göttliches«, welches das menschliche Leben in eine glückliche Richtung lenkt, nämlich das EM-Salz.

»Dämonisches« Salz kann den aktiven Sauerstoff im Körper nicht kontrollieren und lässt das Blut sofort oxidieren. Dagegen ist unser Körper gesund, wenn das Blut sauber ist und ungehindert durch die Adern fließt. Nimmt man aber »dämonisches« Salz zu sich, wird das irgendwann Unwohlsein und sogar schwere Krankheiten mit sich bringen.

Dagegen sorgt »göttliches« Salz dafür, dass der Körper vor Oxidation geschützt wird, und selbst wenn das Blut verunreinigt ist, wirkt dieses Salz sofort antioxidativ, reduzierend und damit letztlich regenerierend. Wenn man einen Eisennagel in normales Salzwasser legt, rostet er schnell. Wenn man aber in eine Lösung von »göttlichem« Salz einen Eisennagel legt, oxidiert dieser nicht, und er ist auch vor Rost geschützt.

Ersteres ist das »dämonische« Salz, das den Menschen Unglück und Leiden bringt. Letzteres schützt sie vor Krankheit, heilt sie und bringt ihrem Leben eine Wendung zum Besseren.

Salz und Volk

Vor über dreißig Jahren habe ich begonnen, mich mit Salz und seiner Rolle im Leben der Menschen zu beschäftigen. Damals fragte ich mich, welches Salz in welchem Land verwendet wird. Salz zählt zu den Grundlagen der menschlichen Ernährung. Folglich gehört die Beschäftigung damit auch in den Bereich der Ethnologie. Das Salz, das ein Volk seit alter Zeit zu sich nimmt, hat das Leben dieser Menschen genährt und beeinflusst. Es sind Faktoren wie das Klima, die Umwelt, das Wasser und das Salz eines Landes, die ein Volk formen und prägen. Weil jedes Land sein besonderes Salz hat, sollten wir allerdings nicht versuchen, eine bewertende Rangordnung der Qualitätsunterschiede aufzustellen.

So schmeckt zum Beispiel sonnengetrocknetes Meersalz von den Pazifischen Inseln auf unserer Zunge so mild und warm, dass wir unwillkürlich lächeln und an Inseln wie Hawaii mit ihren Palmen, Hibiskusblüten, weißen Sandstränden und tiefblauen Wasserflächen denken müssen. Dieses Salz, das Mineralstoffe aus dem Lavagestein Hawaiis enthält, vermittelt uns den Eindruck eines friedlichen und heiteren Volkscharakters, wie er für die Bewohner südlicher Inseln typisch sein mag.

Essenzielle Spurenelemente
für die Leibesfrucht

Der Vorgang der Befruchtung, bei dem im Liebesakt von Mann und Frau aus einer einzigen Samenzelle und einer einzigen Eizelle das befruchtete Ei entsteht, hat etwas Geheimnisvolles. Nach der Befruchtung wird in einem kurzen Zeitraum von wenigen Wochen aus dem einzelligen befruchteten Ei durch wiederholte Zellteilungen allmählich ein menschenähnlicher Körper gebildet. Bis zur achten Woche der Schwangerschaft nennt man den Keimling »Embryo«, vom dritten Monat an »Fetus«. Im anfänglichen Stadium des Embryos werden das Nervensystem, Augen, Herz, Arme und Beine gebildet; gleichzeitig entwickeln sich auch das menschliche Skelett und die inneren Organe. Im folgenden Stadium des Fetus entwickeln sich alle Organe, sie organisieren und differenzieren sich, und das Wachstum geht weiter.

Im Stadium des Fetus wiederholt sich die dramatischste Entwicklung innerhalb dieser Entwicklung. In ebenjenem kurzen Zeitraum wiederholt sich nämlich der Evolutionsprozess des Lebens, der viele hundert Millionen Jahre gedauert hat, indem der Keimling alle Entwicklungsstufen von den Fischen über Amphibien und Reptilien bis zu den Säugetieren durchläuft.

Wenn die werdende Mutter in diesem Zeitraum lediglich raffiniertes Kochsalz (NaCl), also »dämonisches« Salz, zu sich nimmt, kann das für den Fetus gefährlich werden, denn es besteht die Gefahr, dass sein gesundes Wachstum gestört wird. Wenn bei natürlichem Meersalz der Anteil an Magnesiumsalzen über 0,75 Prozent liegt, kann das ebenfalls zu Wachstumsstörungen führen. Falls sich in dieser Zeit die Mutter auch nur an einem Abend betrinkt, so bedeutet dies, dass der Fetus – entwicklungsgeschichtlich gesehen – mehrere Millionen Jahre lang unter Alkoholeinfluss steht. Das kann bei ihm schwere Schädigungen des Erbguts verursachen. In diesem Zusammenhang ist es auch wichtig zu wissen, dass das lebensnotwendige Fruchtwasser nicht gebildet wird, wenn man extrem wenig Salz oder nur raffiniertes Kochsalz zuführt.

Während der Schwangerschaft ist die Ernährung der Mutter also von größter Bedeutung für das werdende Kind. Das häufige Auftreten von Übelkeit ist beispielsweise ein Phänomen, das auf die mangelnde Zufuhr von »gutem« Salz und Spurenelementen hinweist.

Embryo und Fetus sind in besonderem Maße den negativen Auswirkungen von Agrarchemie, Lebensmittelzusatzstoffen sowie den Nebenwirkungen der Medikamente ausgesetzt. Während dieses Prozesses der Zellteilung und -differenzierung sollte man seiner Leibesfrucht keine geschädigenden Substanzen zumuten; dazu gehören nicht nur viele Medikamente, sondern auch künstliche Geschmacksverstärker, weißer Zucker, chemische Waschmittel und Röntgenstrahlen. Durch ihre Verwendung entsteht unter anderem aktiver Sauerstoff, der alle Zellen des werdenden Babys schädigt. Infolgedessen kann es geschehen, dass der Säugling bei der Geburt mit Missbildungen zur Welt kommt.

Um gesunde und kräftige Kinder zu gebären, möchte ich allen Schwangeren nachdrücklich empfehlen, EM-Salz mit seinem hohen Mineralstoffgehalt zu benutzen, bei der Ernährung insgesamt möglichst auf gesunde, sichere Lebensmittel zu achten und das in ihrem Land übliche, traditionelle Natursalz zu essen.

Die erschreckenden Folgen des Mineralstoffmangels

Die Ursachen für die meisten Krankheiten liegen in der Ernährung, so lautet auch die warnende These von Dr. Joel Wallach, dem bereits zitierten amerikanischen Experten für Präventivmedizin. Nach seinen Erkenntnissen leben die modernen Menschen ganz allgemein in einem Zustand des großen Mangels an essenziellen Nährstoffen wie Spurenelementen. Vielleicht haben Sie schon einmal davon gehört, dass Rinder manchmal Erde fressen und aus Mangel an metallischen Spurenelementen alles Mögliche lecken, was irgendwie nach Eisen riecht. Wenn sie sogar Eisennägel fressen, führt das schließlich dazu, dass ihr Magen sich mit Nägeln füllt. Ein solches abnormes tierisches Verhalten geht auf den Mangel an metallischen Spurenelementen zurück.

Beim Menschen zeigt sich ein vergleichbares Verhalten bei schwangeren Frauen. Sie bekommen plötzlich Lust auf etwas Saures oder etwas Süßes. Dies hängt wie bei den Tieren mit einem Mangel an Salz und metallischen Spurenelementen zusammen. Dieses Phänomen tritt auch bei wilden Tieren und Menschen in unterentwickelten Regionen auf.

Wenn sich während der Schwangerschaft im Gesicht Hautflecken oder plötzlich Sommersprossen zeigen, fehlt vermutlich Selen, und das Blut ist oxidiert. Ein Mangel an Chrom und Vanadium bringt bei Schwangeren die Glykämie durcheinander. Der Mangel an Polonium ruft die besonders von Frauen gefürchteten Alterserscheinungen herbei, und Geschmacks- sowie Geruchssinn werden dadurch stumpf. Bei den monatlichen Blutungen verlieren die Frauen Eisen und bei der Geburt eines Kindes Kalzium. Deshalb ist es für die Frauen, die Leben gebären und aufziehen, äußerst wichtig, sich vorher viel Wissen über Ernährung und Gesundheit anzueignen. So sollten sie zum Beispiel wissen, dass sie sich die Gesamtheit der Mineralstoffe aus dem Meer reichlich und in ausgewogener Form zuführen können.

Warum haben Tiere keine Karies?

Dr. Wallach behauptet, dass man den meisten ernährungsbedingten Krankheiten vorbeugen kann, wenn man ausreichend Kalzium und Magnesium im Verhältnis zwei zu eins zu sich nimmt. Er berichtet von Experimenten mit Tieren, die gezeigt hätten, dass man das Leben verlängern könne, wenn man dem Organismus genügend Spurenelemente zuführt. Die Zahnärzte sagen uns zwar, dass Karies verhindert werden könne, wenn der Zahnstein entfernt wird und man die Zähne ordentlich mit Zahnpasta putzt, aber das ist alles andere als richtig.

Aus dem Tierreich können wir hier eine Lektion lernen: Natürlich gibt es kein Tier, das Zahnstein entfernen lässt und seine Zähne bürstet. Dennoch kommt Karies bei wilden Tieren in der Regel nicht vor, ebenso wenig wie Zahnfleischentzündung. Zu Zahnproblemen führt es, wenn die Harmonie der Körperflüssigkeiten und der Stoffwechsel der Elemente Kalzium, Magnesium und Phosphor gestört sind. Die Körperflüssigkeiten sind bei einem pH-Wert von 7,4 schwach alkalisch. Wenn sie schwach alkalisch sind und sich in einem antioxidativen, reduzierenden Zustand befinden, kommt es weder zu Karies noch zu Parodontose.

Mit Mineralstoffen 200 Jahre alt werden

Bei welchem Alter liegt die Grenze des menschlichen Lebens? Zu den Wissenschaftlern, die in der ganzen Welt für ihre Forschungen zur Langlebigkeit bekannt sind, gehören Dr. Keisuke Morishita in Japan und Dr. Joel Wallach in Amerika. Heutzutage geht man in Fachkreisen im Allgemeinen von einem möglichen Lebensalter zwischen 120 und 200 Jahren aus. Zwar werden die Ergebnisse der Genforschung von den Wissenschaftlern verschieden interpretiert, aber Wallach kommt in seiner Studie zu dem Ergebnis, dass, wenn der Mensch sich richtig ernähre und ein stressfreies, natürliches Leben führe, er tatsächlich 120 bis 140 Jahre leben könne. Professor Higa behauptet sogar, dass es biologisch möglich sei, 600 Jahre zu leben.

Forscher haben in der ganzen Welt die Regionen mit hoher Lebenserwartung gründlich untersucht und ihre Ergebnisse dokumentiert. Sie machten fünf Länder aus, in denen es heute zahlreiche Menschen mit besonders hoher Langlebigkeit gibt.

Bekannt ist das Beispiel des Chinesen Dr. Li, der 1934 durch einen Bericht von J. Hilton berühmt wurde. Es ist wirklich erstaunlich, dass man Dr. Li im Alter von 150 Jahren einen Geburtsnachweis ausstellte auf der Grundlage eines Eintrags im Standesregister, in dem 1667 als Geburtsjahr angegeben war. Fünfzig Jahre später soll er erneut einen Geburtsnachweis erhalten und sein Leben im Alter von 256 Jahren vollendet haben. Dr. Wallach hat diese Geschichte 1993 in der *New York Times* und der britischen *Times* veröffentlicht. Auch wenn die Zahlenangaben rechnerisch schlecht nachvollziehbar sind und etwas »schwanken« mögen, so ist bisher unwiderlegt, dass Dr. Li bis zu 200 Jahre lang gelebt hat.

Bangladesch ist ein Land, in dem viele hochbetagte Menschen leben und 120- bis 140-Jährige keine Seltenheit sind. In Vorderasien liegt Armenien, wo Langlebigkeit ebenfalls weit verbreitet ist und in einem Fall ein Alter von 136 Jahren nachgewiesen wurde. Außerdem soll es einen armenischen Mann von 167 Jahren geben, dessen Altersangaben durch Militärdokumente und das Lebensalter seiner Nachkommen belegt sind.

Aus Nigeria wird von einem 126-Jährigen berichtet, der in seinem ganzen Leben noch keinen einzigen Zahn verloren haben soll. Aber es gibt noch Erstaunlicheres zu berichten: In Syrien lebt ein 133-jähriger Mann, der sogar im *Guinness Buch der Rekorde* verzeichnet ist. Diesen Eintrag verdankt er aber weder seinem hohen Alter noch seiner vierten Heirat mit 88, sondern dem Umstand, dass er nach dieser letzten Hochzeit bis hundert noch neun Kinder gezeugt und aufgezogen hat. Dr. Wallach weist in diesem Zusammenhang darauf hin, dass es in den Gebieten mit hoher Lebenserwartung nicht an metallischen Spurenelementen mangelt, die dann in gelöster Form ganz natürlich beim Essen und Trinken aufgenommen werden.

Das Geheimnis des langen Lebens

Auch durch die wissenschaftlichen Untersuchungen von C.M. McCay (1935) und B.N. Berg (1960) wurde dieses Geheimnis aufgeklärt. Im Folgenden möchte ich die Ergebnisse ihrer Experimente mit weißen Mäusen vorstellen.

Die durchschnittliche Lebensspanne einer Maus beträgt ungefähr zweieinhalb Jahre. Bei diesen Untersuchungen wurde die Nahrungszufuhr der Mäuse eingeschränkt, und dann wurden Wachstum, Reifung und Mortalität gemessen und verglichen.

Lebensdauer von weißen Mäusen in Abhängigkeit von der Nahrungszufuhr

Lebensdauer in Tagen	Zahl der Mäuse mit			
	freier Nahrungszufuhr (♂)	begrenzter Nahrungszufuhr (♂)	freier Nahrungszufuhr (♀)	begrenzter Nahrungszufuhr (♀)
300– 399	100	100	100	100
500– 599	91	96	94	95

600– 699	70	91	87	95
700– 799	30	80	80	95
800– 899	8	69	52	87
900– 999	0	50	23	84
1000–1099		19	5	77
1100–1199		0	0	73

Alle Mäuse erhielten nach den Forschungsberichten die richtige Menge an Vitaminen und Mineralstoffen, aber bei der einen Gruppe wurde die tägliche Nahrungszufuhr um etwa 40 Prozent reduziert. Diese Gruppe war im Vergleich zu den Mäusen mit unbeschränkter Nahrungszufuhr um 6 bis 13 Prozent kleiner, und das Körpergewicht reduzierte sich um 25 bis 40 Prozent. Der Grund dafür war offenbar, dass sich bei den Mäusen mit unbeschränkter Nahrungszufuhr Fettablagerungen bildeten.

In der Tabelle wird die Lebensdauer der verschiedenen Gruppen von Mäusen dargestellt. In der Gruppe mit eingeschränkter Nahrungszufuhr ist die Lebensdauer deutlich länger. So war in dieser Gruppe nach tausend Tagen noch die Hälfte der männlichen Mäuse am Leben, während in der entsprechenden Gruppe mit unbeschränkter Nahrungszufuhr keine Maus überlebt hatte.

Aus der Tabelle geht auch hervor, dass die Lebensdauer bei Weibchen deutlich länger ist – ein Ergebnis, das sich auch mit der durchschnittlichen Lebenserwartung bei Menschen vergleichen lässt. Das legt den Schluss nahe, dass offensichtlich die Nahrungsmenge, die ein Lebewesen während seines ganzen Lebens zu sich nimmt, begrenzt ist. Die Frage ist nun, wie man jene begrenzte Nahrungsmenge aufnehmen soll, ohne dass gehungert werden muss.

Im Juli 2001 wurde in verschiedenen japanischen Zeitungen berichtet, dass eine Gruppe von Forschern des Instituts für Molekularbiologie an der Universität Tôkyô und der Firma Pharmadesign ein »Kurzlebigkeitsgen«, das die Lebensdauer reduziert, entdeckt habe. Jenen Berichten zufolge hat man herausgefunden, dass die Lebensdauer von Fliegen um 30 Prozent verlängert werden kann, wenn es gelingt, die Aktivität dieses Gens zu unterdrücken.

Das so genannte Kurzlebigkeitsgen hatte aber zuerst eine Forschergruppe an der Technischen Universität von Kalifornien im Jahr 1998 bei Untersuchungen an der Drosophila-Fliege entdeckt. Die Enzyme in diesen Fliegen, welche die Aktivität ebenjenes Gens verhindern, sorgen dafür, dass die Fliegen verschiedene Belastungen wie Hunger, Fieber oder Schadstoffe besser aushalten und so länger leben können.

Die Lebensdauer verkürzt sich, wenn die lebenswichtigen oxidativen und reduzierenden Enzyme größerem Stress, wie zum Beispiel durch Hunger oder übermäßiges Essen, ausgesetzt sind. Die in den Zellen aktiven Enzyme produzieren Substanzen, die den Körper vor Stress schützen, aber die Aktivität des Kurzlebigkeitsgens bewirkt, dass die Enzymproduktion reduziert und die Widerstandskraft des Organismus geschwächt wird.

Wie bereits gesagt wurde, bewegt sich die potenzielle Lebensdauer des Menschen in einem Rahmen von 120 bis 200 Jahren. Nimmt man beispielsweise zu viel minderwertige Nahrung zu sich, bringt das Kurzlebigkeitsgen zusätzliches Unheil. Wenn man dagegen täglich nur eine begrenzte Menge hochwertiger Nahrung aufnimmt, wird die Produktion von antioxidativen, reduzierenden und regenerativen Enzymen gestärkt, der Körper vor der Aktivität des Kurzlebigkeitsgens geschützt und die Lebensdauer über das normale Maß hinaus verlängert. Deshalb sollten wir das Frühstück auslassen, um am Morgen die Enzyme für die Ausscheidung arbeiten zu lassen, das Verdauungssystem regulieren und uns eines leeren Magens erfreuen.

Heilige nehmen eine Mahlzeit, Weise zwei Mahlzeiten

Seit alters sagt man in Japan: »Ein zu 80 Prozent gefüllter Bauch erspart den Arzt.« Diese Volksweisheit gilt auch im neuen Jahrhundert, das zu einem Jahrhundert der präventiven Medizin werden muss.

»Warum sollten die Menschen sich beim Essen einschränken, obwohl sie in einem Zeitalter des Überflusses leben?«, werden sich viele fragen. Ein Grund ist der, dass die Zubereitungsmethoden für die moderne Nahrung nicht der Vernunft entsprechen. So gehört es zum Beispiel zu den heutigen Essgewohnheiten, nur die »leckeren« Teile zu verspeisen und den Rest wegzuwerfen. Bei pflanzlichen Lebensmitteln sind alle faserhaltigen Bestandteile wie Schalen, Wurzeln oder Blätter, bei Fisch Schuppen und Haut, innere Organe, Gräten und Kopf ausnahmslos wertvolle Nährstoffquellen, die aber im Allgemeinen im Mülleimer landen. Diese Teile enthalten in Wirklichkeit wichtige Spurenelemente mit starken reduzierenden Kräften.

Ein weiteres Problem ist die übermäßige Zufuhr von tierischem Eiweiß. Auch andere Nahrungsmittel wie oxidatives raffiniertes Salz, Butter und Käse werden zu reichlich genossen. Dahinter steht eine veraltete Sichtweise, die nur auf Nährwert und Kalorien achtet, aber die menschliche Physiologie nicht berücksichtigt. Das führt zu übermäßiger Nahrungszufuhr, während es für alle besser wäre, eine Mahlzeit auszulassen.

Vor dem Hintergrund der Menschheitsgeschichte und nach Untersuchung des früheren und heutigen menschlichen Essverhaltens sowie unter Berücksichtigung der an der Ausscheidung beteiligten Enzyme bin ich zu dem Schluss gekommen, dass es am besten ist, auf das Frühstück zu verzichten und täglich nur zwei Mahlzeiten zu sich zu nehmen. Die These von »zwei Mahlzeiten am Tag« wird in Japan auch von einigen bekannten Ärzten und Wissenschaftlern unterstützt.

Dagegen leiten uns die Massenmedien und die Schulbehörden unter Hinweis auf mögliche Erziehungsprobleme dazu an, ordentlich zu frühstücken. Denn der Verzicht aufs Frühstück möge sich vielleicht für Kopfarbeiter eignen, aber nicht für heranwachsende Kinder, körperlich Arbeitende wie Fischer oder Bauern. Sie behaupten außerdem, das Auslassen des Frühstücks führe dazu, dass beim Mittagessen umso mehr verzehrt werde, sich der Magen erweitere und das Gewicht zunähme. Doch in Japan gibt es zurzeit mindestens eine Million Menschen, die ohne Frühstück leben und sich guter Gesundheit erfreuen. Wenn der größte Teil der Japaner aufs Frühstück verzichtete, würde sich die Zahl der Erkrankungen wahrscheinlich halbieren, Beschwerden wie Erschöpfung, Schulter- und Nervenschmerzen, Müdigkeit, Verdauungsprobleme und Verstopfung verschwänden weitgehend, und das Blut würde wieder ungehindert fließen. Das ist die übereinstimmende Erfahrung aller Menschen, die diese Methode praktizieren. Seit alter Zeit heißt es im Fernen Osten auch: »Heilige nehmen eine Mahlzeit pro Tag, Weise zwei Mahlzeiten, mittags und abends.«

Der in den USA tätige renommierte Chirurg Hiromi Shinya sagt, frühstücken bringe hundert Schäden, aber keinen Nutzen. Laut Dr. Shinya führt frühstücken unter anderem dazu, dass die Ausscheidungsvorgänge nicht richtig funktionieren, bei der Verdauung übermäßig viele Enzyme verbraucht werden, die inneren Organe nicht zur Ruhe kommen, das Blut verunreinigt wird, man leichter ermüdet und die Symbiose der Darmflora gestört wird.

2.
Die Folgen der Salzrestriktion

Natursalzboom und Küchenrevolution

Durch das Propagieren der Salzrestriktion hat der Salzverbrauch in Japan in den letzten Jahrzehnten kontinuierlich abgenommen. So betrug der Bedarf an Speisesalz 1998 noch 283 000 Tonnen und sank bis 2000 auf 259 000 Tonnen. Im Allgemeinen kann man davon ausgehen, dass die Dinge sich in die richtige Richtung bewegen, wenn die feste Absicht besteht, etwas für die Gesundheit zu tun, aber in Wirklichkeit ist das nicht immer so. Die Tatsache, dass der Salzverbrauch um 24 000 Tonnen abnahm, weil die Leute den Slogan »Weniger Salz verwenden« allzu ernst nahmen, gibt Anlass zu großer Sorge um die Volksgesundheit. Auch wenn man weiß, dass raffiniertes (chemisch reines) Salz schlecht für den Körper ist, führt die drastische Salzrestriktion dazu, dass in der Gesellschaft große Gesundheitsprobleme entstehen. Denn um zu leben, braucht der Mensch unbedingt Salz.

Handelsvolumen von Natursalz in Japan und Okinawa

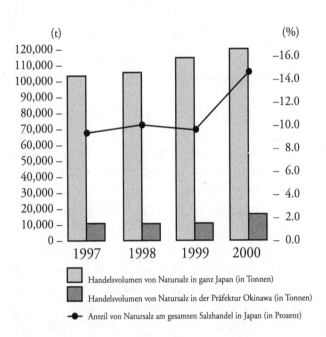

Handelsvolumen von Natursalz in ganz Japan (in Tonnen)

Handelsvolumen von Natursalz in der Präfektur Okinawa (in Tonnen)

Anteil von Natursalz am gesamten Salzhandel in Japan (in Prozent)

Quellen: Japanisches Finanzministerium und Rûkû-Zeitung, 2001

Doch trotz dieser allgemeinen Tendenz zur Salzrestriktion erlebt das traditionelle natürliche Meersalz einen stillen Boom. So wurden 1998 in Japan 103 000 Tonnen natürliches Meersalz gehandelt; diese Menge wuchs bis ins Jahr 2000 auf 118 000 Tonnen. Gleichzeitig zeigt das auch, dass der Konsum von »normalem« Kochsalz, das zu über 99,35 Prozent aus reinem Natriumchlorid besteht und als Speisesalz, raffiniertes Salz oder Tafelsalz im Handel ist, um große Mengen gesunken ist. Das belegt ferner die erfreuliche Tendenz, dass für die Japaner Geschmack und Gesundheit wichtiger sind als der Preis. Man könnte sagen, dass tatsächlich eine Art von Küchenrevolution oder Salzrevolution begonnen hat.

Andererseits mache ich mir Sorgen, weil der Gesamtverbrauch von Salz um 24 000 Tonnen gesunken ist. Der Wechsel zu gesundem Salz ist zwar eine gute Sache, aber an der grundlegenden Position, weniger Salz zu verwenden, hat sich nichts geändert, obwohl man nun in zunehmendem Maß raffiniertes weißes Kochsalz durch Natursalz ersetzt. Vor dem Hintergrund der derzeitigen Tendenzen beim Salzverbrauch ist davon auszugehen, dass sich in den kommenden Jahren die Entwicklung beim Verbrauch von raffiniertem Salz und von Natursalz umkehren wird.

Auf Okinawa, wo die Zahl der über Hundertjährigen weltweit im Durchschnitt am größten und das Streben nach Gesundheit sehr wichtig ist, habe ich mich dafür eingesetzt, unsere alte Salztradition wieder zu beleben. In der Sprache der Ryûkyû-Inseln heißt »Salz« *shimamâsu*: *shima* bedeutet entweder »Insel« oder »wahr« und *mâsu* »Salz«. Vor etwa dreißig Jahren habe ich begonnen, *shimamâsu* herzustellen, und zwar in einer Menge von 300 Tonnen pro Jahr. Anfangs gab es nur meine eigene Firma *Aoi Umi* (»Blaues Meer«), aber inzwischen gibt es in der Präfektur Okinawa 28 Salzproduzenten, die jährlich über 16 000 Tonnen natürliches Meersalz produzieren (14,1 Prozent der japanischen Gesamtproduktion), und das rapide Wachstum geht weiter.

Es ist schon erstaunlich, dass die heutige Produktion von Natursalz auf Okinawa seit den Zeiten meiner ersten Firma über 53-mal höher ist. Aus dieser Zahl wird ebenso ersichtlich, dass der größere Teil des hier produzierten Salzes außerhalb Okinawas verkauft wird. In Okinawa wird inzwischen auch natürliches Meersalz aus ozeanischem Tiefenwasser gewonnen. Es erlebt zurzeit einen Boom, und es ist anzunehmen, dass die Salzproduktion noch eine ganze Weile zunehmen wird.

Die neue Vorstellung von antioxidativem Salz

Als ich begann, mich mit der Herstellung von *shimamâsu* zu befassen, war dies Teil einer Gesundheitsinitiative und geschah in der Absicht, das ursprüngliche, traditionelle Salz wieder zu beleben. Doch diese Initiative war im Grunde nur ein erster Schritt in Richtung »neues Jahrhundert des Salzes«, denn was uns jetzt beschäftigt, ist die Herstellung von »antioxidativem, reduzierendem Salz« auf der Grundlage des EM-Antioxidationsprogramms (siehe Teil V). Wenn man nämlich einen Eisennagel in eine Lösung mit dem bisher benutzten, üblichen Salz legt – sei es nun raffiniertes weißes Salz oder natürliches Meersalz –, beginnt er trotz des Qualitätsunterschieds zu oxidieren.

Das Salz des neuen Jahrhunderts soll ein »göttliches« Salz sein, welches unser Schicksal zum Besseren wendet. Dieses Salz aus ozeanischem Tiefenwasser haben wir »regeneratives EM-Salz« genannt. In diesem Salz oxidiert Eisen überhaupt nicht, sondern es entfernt sogar den Rost.

Auch die Alterung des Menschen ist unter anderem ein Oxidationsvorgang, und Krankheit hängt mit Oxidationserscheinungen im Blut zusammen. Regeneratives EM-Salz lässt sich sowohl als Grundwürzmittel wie auch zur Therapie und zur Schönheitspflege benutzen. Es ist ein Salz, das sich als ein natürliches Heilmittel in weitem Umfang zur Vorbeugung einsetzen lässt.

Was für ein Salz ist antioxidatives, reduzierendes Salz?

Es gibt mehrere Verfahren, um antioxidatives, reduzierendes Salz herzustellen, das zahlreiche Spurenelemente enthält. Eine davon ist die in Korea seit alter Zeit überlieferte Methode, bei der sonnengetrocknetes Meersalz auf hohe Temperaturen erhitzt wird. Das Ziel bei diesem Verfahren ist es vor allem, die im Salz enthaltenen oxidativen Substanzen zu entfernen und den Gehalt an Spurenelementen zu erhöhen. Der Schlüssel zur Erhöhung des antioxidativen, reduzierenden Potenzials von Salz liegt bei den metallischen Spurenelementen.

Das so genannte »Bambussalz« (japanisch *takeshio*) aus Korea ist ein repräsentativer Vertreter solcher Salze. Es handelt sich um sonnengetrocknetes natürliches Meersalz, das auf 800 bis 1200 Grad Celsius erhitzt wird. Der Chlorid-Anteil, einer der Hauptbestandteile von Salz, beträgt bei sonnengetrocknetem Meersalz fast 60 Prozent. Bei Hitzebehandlung mit hohen Temperaturen werden die Chloride fast vollständig gasförmig und verflüchtigen sich. Dieses wertvolle reduzierende Bambussalz wird in Korea nicht als Speisesalz, sondern als eine Art Heilmittel benutzt, das zur Wiederherstellung der Gesundheit und des Wohlgefühls beiträgt: zum Beispiel, wenn das Befinden nicht zufrieden stellend ist, wenn man einen schweren Kater hat oder wenn man nach einer Erkrankung kraftlos ist.

In Korea und Japan hat es einen hervorragenden Ruf als Salz von hoher Funktionalität und Heilkraft.

Da sich das Gewicht um zwei Drittel reduziert, wenn man sonnengetrocknetes natürliches Meersalz hoch erhitzt, und das Verfahren ziemlich aufwändig ist, ist dieses Salz auch in Korea nicht billig. Deshalb wird es eher wie ein traditionelles Heilmittel eingenommen. In gelöster Form hat Bambussalz starke reduzierende Kräfte, sodass Eisen in dieser Lösung überhaupt nicht rostet. Es verhindert also Oxidation (Alterung), und in vielen Fällen bringt es Hautbeschwerden, die mit der Oxidation von Blut (der Bildung von aktivem Sauerstoff im Blut) zusammenhängen, sofort zum Verschwinden, wie zum Beispiel Hautflecken, Sommersprossen, dunkle Haut oder Warzen.

Bei einem ganz anderen Verfahren der Salzherstellung bringt man das Salz sozusagen zur Reifung, indem man die Chlor-Ionen in sonnengetrocknetem natürlichem Meersalz durch Fermentation mit Photosynthesebakterien, Hefepilzen und dunklem *Kôji*-Ferment (Aspergillus oryzae) entfernt. Hinter diesem Verfahren steht die praktische Anwendung einer Biotechnologie, die auf natürlichen Fermentations- und Reifungsprozessen unter Einsatz von Mikroorganismen basiert. Das ist auch das Herstellungsverfahren für das einzigartige EM-Salz nach dem von Professor Higa entwickelten »EM-Antioxidationsprogramm« (siehe Teil V).

Der trügerische Glaube an die Salzrestriktion

Warum ist die Salzzufuhr zu einem so großen Problem geworden? Und das, obwohl es keinerlei medizinische Begründung dafür gibt. Die Leute denken vielleicht, dass es doch einen Grund geben müsste, weil Ärzte, Ernährungsberater und Apotheker übereinstimmend empfehlen, die Salzzufuhr zu reduzieren. Das Wort »Salzrestriktion« erweckt den Eindruck, dass Salz an sich etwas Schlechtes ist.

Der Erste, der behauptet hat, Salzrestriktion sei gut gegen hohen Blutdruck, war ein amerikanischer Physiologe im Jahr 1904. Dieser Wissenschaftler hatte damals erfahren, dass Bluthochdruck bei Japanern selten auftrat, und bei der Untersuchung der japanischen Ernährungsweise herausgefunden, dass die Salzaufnahme in Japan relativ gering war. Deshalb kam er zu dem Schluss, dass Salzrestriktion bei Menschen mit hohem Blutdruck positive Wirkungen hätte.

Als nächster Forscher veröffentlichte der amerikanische Blutdruckspezialist Menery 1953 die Ergebnisse seines Tierexperiments. Aus unerfindlichen Gründen fügte er dem Futter seiner Versuchsmäuse die zwanzig- bis dreißigfache Menge des üblichen Salzanteils hinzu und gab den Mäusen außerdem physiologische Kochsalzlösung zu trinken. Das Ergebnis war, dass nach sechs Monaten vier von zehn Mäusen hohen Blutdruck hatten.

In dem japanischen Buch *Gen-en nashi de ketsuatsu wa sagaru* (»Ohne Salzrestriktion den Blutdruck senken«) widersprach Hisazô Aoki den Ergebnissen jener amerikanischen Studien. Er hatte 1959 nämlich entdeckt, dass es Mäuse gibt, die selbst mit normalem Futter Bluthochdruck bekommen. Daraus schloss er, dass es auch bei den Menschen Personen mit genetisch bedingtem, vererbtem primärem Bluthochdruck gibt und Personen mit sekundärem Bluthochdruck, der auf Gründe wie übermäßige Salzzufuhr, Nierenschäden oder Störungen bei der Hormonsekretion zurückzuführen ist. Er konnte klar nachweisen, dass in Wirklichkeit bei über 90 Prozent der Menschen der (primäre) Bluthochdruck nicht mit der Salzaufnahme zusammenhing. Ausgehend von den jüngsten Forschungsergebnissen bin ich aber überzeugt, man wird in naher Zukunft beweisen, dass sich Formen von Bluthochdruck, deren Ursachen nicht feststellbar sind, tatsächlich mit mineralstoffreichem, antioxidativem und reduzierendem Salz heilen lassen.

Da das öffentliche Interesse unter dem Einfluss der japanischen Massenmedien allein auf die Salzrestriktion gerichtet ist, reagieren wir ziemlich nervös auf alles, was mit der Salzzufuhr zu tun hat. Aus der Warnung »Zu viel Salz führt wahrscheinlich zu Bluthochdruck« entstand bei vielen Leuten die Meinung »Salz ist schlecht für den Körper«. Dies zeigt, wie beängstigend die – gewollte oder ungewollte – Irreführung der Gesellschaft sein kann. In Wirklichkeit sind etwa Süßigkeiten viel gefährlicher. Vor über dreißig Jahren, als man die Salzrestriktion zu propagieren begann, war in Japan auch die Zeit, in der das Kochsalz seine höchste chemische Reinheit erreicht hatte. Damals hätte man richtiger verkünden sollen, dass chemisch reines Salz für den menschlichen Körper nicht von Nutzen ist.

Warnungen der amerikanischen Ärztekammer vor der Salzrestriktion

Wenn man über zu hohe Salzzufuhr redet, sollte man zuerst nachweisen, welche Salzmenge für eine bestimmte Person angemessen ist. Ohne dabei die zahlreichen Faktoren zu berücksichtigen – wie Geschlechtsunterschiede, körperliches Befinden, Lebensalter, jahreszeitliche Unterschiede oder die Art der ausgeübten Arbeit –, kann man keine richtigen Schlüsse ziehen. Schon früher haben Männer, die Schwerarbeit am Hochofen, im Bergwerk oder im Hafen leisteten und dabei viel Schweiß vergossen, reichlich Wasser getrunken, um den Wasserverlust zu ersetzen, und gleichzeitig Salz geleckt, um den Salzverlust auszugleichen. Sie wussten aus Erfahrung, dass man in einen Schwächezustand gerät, die Lebenskraft nachlässt und nicht mehr weiterarbeiten kann, wenn die Salzkonzentration im Blut sinkt. Durch die Empfehlung einer einseitigen Salzrestriktion hat man in jüngster Zeit die Weisheit unserer Vorfahren missachtet und die Regulierung der Körperflüssigkeiten durcheinander gebracht.

Die kategorische Aufforderung »Salz sollte in möglichst geringer Menge zugeführt werden« hat zu dem Missverständnis geführt, dass es am besten ist, überhaupt kein Salz zu sich zu nehmen, und am zweitbesten, möglichst wenig Salz zuzuführen. Und auch wenn in diesem Buch und anderweitig empfohlen wird: »Es ist wünschenswert, dem Körper – abhängig von den individuellen Gegebenheiten – täglich etwa 18 Gramm Salz zuzuführen«, natürlich mit der ausreichenden Aufnahme von Wasser, so bleibt den Lesern, die beispielsweise dieses Buch nicht gelesen haben, die Botschaft »Salzverbrauch reduzieren« im Gedächtnis, denn das wird immer wieder in großen Lettern verkündet. Dies hat dazu geführt, dass überall Mengen von Produkten mit reduziertem Salzanteil angeboten werden.

Jeder Mensch macht sich Sorgen um seine Gesundheit. Besonders Leute, die der Meinung sind, ihr körperlicher Zustand hätte sich ein bisschen verschlechtert, neigen dazu, alles mitzumachen, wenn man ihnen nur sagt, es sei gut für sie. Denn wenn man dem Thema Salzrestriktion in den Massenmedien so große Beachtung schenkt, dürfte es solchen Menschen schwer fallen, nicht daran zu glauben. Je entschiedener die Botschaft ist, desto leichter ist sie zu vermitteln, und desto plausibler wirkt sie.

Dagegen kommt die Botschaft »Es ist wünschenswert, Salz dem individuellen Zustand entsprechend in passender Menge zu sich zu nehmen« sehr schwer an, denn der Empfänger muss sie außerdem selbst beurteilen. Informationen, die unsere Interessen und Vorlieben betreffen, dürften durchaus ein bisschen einseitig sein, aber im Hinblick auf so etwas Wichtiges wie Salz, das ein Grundelement unseres Lebens und die Wurzel unserer täglichen Ernährung ist, sind derart verzerrte und befangene Informationen natürlich nicht akzeptabel.

Das JAMA (*Journal of the American Medical Association*) ist eine von der amerikanischen Ärzteschaft herausgegebene Fachzeitschrift zur klinischen Medizin, die in der ganzen Welt höchste Autorität genießt. Schon in der Julinummer 1983 erschien darin ein Artikel unter dem Titel »Speisesalzzufuhr und Bluthochdruck«, der davor warnte, zu wenig Salz zu sich zu nehmen.

Bei dieser Studie hat man sich eine Methode ausgedacht, um die Salzmenge bei der täglichen Nahrungsaufnahme aller 21 Millionen Einwohner des Bundesstaats Connecticut festzustellen. Bei jedem gesunden Menschen und jedem Bluthochdruckpatienten wurden dann unter anderem der Zusammenhang zwischen Salzzufuhr und Bluthochdruck sowie die Blutdrucksenkung durch Salzrestriktion untersucht. Diese Untersuchung ergab, dass außer in den besonderen Fällen von Bluthochdruck mit bekannter Ursache bei rund 80 Prozent der Teilnehmer keine blutdrucksenkende Wirkung durch Salzrestriktion festgestellt werden konnte. Außerdem sollte niemand gezwungen werden, als vorbeugende Maßnahme gegen Bluthochdruck die Salzaufnahme extrem zu reduzieren (auf unter 5 Gramm täglich).

Dieser Artikel ist von größter Wichtigkeit, denn er erschien sogar als Hauptartikel im JAMA.

Die wahren Gründe für Bluthochdruck

Wegen des Zusammenhangs mit erhöhter Salzzufuhr ist Bluthochdruck zu einem großen Problem geworden, doch zuerst sollten wir uns einmal fragen, um was für einen Zustand es sich bei Bluthochdruck handelt. Der wahre Grund für den angeborenen primären Bluthochdruck dürfte darin bestehen, dass die Enzymproduktion aus Mangel an Spurenelementen gestört ist. Bei erworbenem sekundärem Bluthochdruck ist die Viskosität des Bluts erhöht. Einfach gesagt, durch einseitige Ernährung mit tierischem Eiweiß, seelischen Stress, Überarbeitung, mangelnde Wasseraufnahme usw. wird das Blutplasma zähflüssig. Um solches Blut durch den Körper zu pumpen und es besonders zusammen mit Sauerstoff und Nährstoffen in die feinsten Kapillaren des Gehirns zu transportieren, ist das Herz gezwungen, mit größerem

Druck als normal zu arbeiten. Wenn das Herz diese Leistung nicht aufbringt, kann das Blut nicht wie erforderlich bis in die Kapillaren an der Peripherie des Körpers gelangen, und deshalb muss der Blutdruck unter solchen Umständen steigen. Es ist das Salz, das diese Funktion und Tätigkeit des Herzens stimuliert.

Doch das betrifft nicht allein das Herz, denn Salz ist das große Lebenselement, das dafür sorgt, dass alle inneren Organe ihre Funktionen ordentlich erfüllen. Ohne Salz könnte der Mensch keine Sekunde lang leben. Im Natursalz sind zahlreiche Mengenelemente und Spurenelemente in verschiedenen Konzentrationen enthalten. Salz ist Ausgangsmaterial für die Produktion zahlloser lebensnotwendiger Enzyme. Keine einzige Zelle in unserem Körper könnte ohne Salz existieren.

So lässt sich Bluthochdruck heilen, wenn man das Blut wieder gut zum Fließen bringt, indem man nährstoffreiche Lebensmittel, eingelegte Salzpflaumen (Umeboshi), EM-X oder EM-Salz zu sich nimmt. Dagegen ist nur schwer zu begreifen, warum man den Salzverbrauch übermäßig einschränken sollte.

Heutzutage senkt man den Blutdruck in der Regel durch Salzrestriktion und Medikamente. Dadurch muss man aber verschiedene Gesundheitsprobleme in Kauf nehmen, zum Beispiel Gehirnblutung, Schlaganfall, Gehirnerweichung und juvenile oder senile Demenz. Denn es ist mit großer Wahrscheinlichkeit zu befürchten, dass es zu solchen Komplikationen kommt. Deshalb haben wir es uns zur Aufgabe gemacht, ein antioxidatives, reduzierendes EM-Salz zu entwickeln, das man völlig unbesorgt in ausreichender Menge zu sich nehmen kann, um das Blut wieder dünnflüssig zu machen. Natürlich ist eine der Hauptursachen des Bluthochdrucks, dass man zu viel tierisches Eiweiß verzehrt, denn dadurch erhöht sich die Viskosität des Bluts. Salz steht in direktem Zusammenhang mit vielen physiologischen Vorgängen im menschlichen Körper, ist aber nicht ursächlich an der Entstehung von Bluthochdruck beteiligt.

Wie gefährlich es sein kann, auf die ausreichende Salzzufuhr zu verzichten, möchte ich am Beispiel eines Bekannten von mir zeigen. Dieser Mann leitet ein Eisenwerk. Als seine Frau einmal ins Krankenhaus musste, empfahl man ihr dort, die Salzzufuhr zu reduzieren. Der Einfachheit halber hat dieser Manager zusammen mit seiner Frau salzarme Kost gegessen, doch ohne zu wissen, warum, fühlte er sich auf einmal kraftlos. Als er aber eines Tages in der Stadt essen musste und dort eine normale Mahlzeit zu sich nahm, kehrten seine Kräfte augenblicklich wieder zurück.

Wenn man für nichts und wieder nichts die Salzzufuhr reduziert, wird das Gehirn nicht gut mit Sauerstoff versorgt, und es kann dadurch sogar zum Absterben von Gehirnzellen kommen. Zurzeit nimmt die senile Demenz in den Industrieländern rapide zu, und es gibt auch schon Ärzte, die als Gründe dafür die Salzrestriktion und die Nebenwirkungen von blutdrucksenkenden Mitteln nennen.

Zurück zur zweitausendjährigen japanischen Esskultur!

Trotzdem behaupten viele Ärzte und Ernährungsberater immer noch, es sei notwendig und wünschenswert, die Salzzufuhr zu verringern. Auf meinen Vortragsreisen in ganz Japan habe ich aber bemerkt, dass sich die Situation seit zehn Jahren deutlich verändert hat. Inzwischen werden in vielen Supermärkten, Kaufhäusern und Lebensmittelgeschäften verschiedene Sorten von Natursalz angeboten. Das zeigt, dass die Menschen der Salzqualität wieder größere Beachtung schenken. 2001 habe ich nach langer Zeit wieder einmal einen Vortrag in Hokkaidô (der nördlichsten Hauptinsel Japans) gehalten und feststellen können, dass wirklich viele Leute vom raffinierten Kochsalz zum Natursalz gewechselt sind und den Unterschied am eigenen Leib sowie bei der Zubereitung von eingelegtem Gemüse oder Miso (fermentierter Sojabohnenpaste) ausprobiert haben.

Von Hippokrates, dem Vater der westlichen Medizin, stammen die beiden folgenden Aussprüche: »Die Natur heilt die Krankheit; der Arzt bekommt das Honorar.« Und: »Wenn man nur den Ärzten glaubt, heilt die Krankheit nicht.« Wer darin jedoch lediglich den Witz der Menschen des Altertums zu erkennen glaubt, der würdigt diese Weisheiten nicht entsprechend. Denn in ihnen kommt der ernsthafte Wunsch zum Ausdruck, unseren Körper selbst zu schützen und zu pflegen. Fast alle Krankheiten hängen nämlich mit unseren Lebensgewohnheiten zusammen.

Ganz konkret zeigt sich das in der Tatsache, dass sich das Interesse der Japaner immer mehr auf gesunde Lebensmittel richtet. Dahinter steht die aktuelle Situation in Nippon, wo es hundert Millionen »Halbkranke« zu beklagen gibt. Zu den verschiedenen Gründen dafür gehört vor allem, dass in einer hoch technisierten Gesellschaft wie Japan immer mehr verarbeitete Nahrungsmittel produziert werden. Während wir uns stetig weiter von der traditionellen japanischen Ernährungsweise entfernen, kommen in großen Mengen raffinierte Fertigprodukte auf den Markt, die reichlich künstliche Würzmittel enthalten. So geht die zweitausendjährige japanische Esskultur, die den natürlichen Verhältnissen angepasst ist, rasch verloren.

In Europa und den Vereinigten Staaten wird ein Vielfaches an Fleisch verzehrt als in Japan, und die moderne Ernährungswissenschaft hat sich in erster Linie mit den Kalorien befasst. Es war ein fundamentaler Irrtum, dies in Japan unverändert zu übernehmen und zur Grundlage unserer Ernährungsweise zu machen. Die Meinung, zu viel Salz sei die Ursache für Bluthochdruck, entstand in Amerika – in einem Land, wo die Fleischkost im Zentrum der Ernährung steht – und verbreitete sich über die ganze Welt. Obwohl diese Entwicklung schon weit fortgeschritten ist, wird es jetzt Zeit, auf die Bremse zu treten.

In Fleisch ist an Eiweiß gebundenes Natrium enthalten. Auch beim Brotbacken wird Natriumchlorid benutzt. Wenn man dann noch zusätzlich zu viel Speisesalz zu sich nimmt, führt das ganz klar zu einer übermäßigen Zufuhr von Natriumchlorid.

Leider ist die Ernährung in Japan wie gesagt ziemlich verwestlicht, denn es wäre viel besser, wieder mehr Reis, Algen, Gemüse und Fisch zu essen. Bei einer solchen Kost bekommt der Körper genügend Kalium, und wenn man dazu natürliches regeneratives Meersalz mit einem hohen Mineralstoffgehalt nimmt, kann man das Gleichgewicht der Salze und Mineralstoffe in den Körperflüssigkeiten aufrechterhalten.

Allein Gemüse und Obst zu essen, ohne auch Salz zu sich nehmen, macht keinen Sinn. Wenn wir nur Gemüse und Obst essen, wird uns Natrium im Blut geraubt, und unsere Nahrung kann so zu Gift werden.

Merkwürdig ist auch folgender Umstand: Während man in Japan immer mehr Fleisch isst und Dickdarmkrebs immer häufiger wird, übernimmt die amerikanische Oberschicht dagegen immer mehr die traditionelle japanische Ernährungsweise.

Salzmangel macht die Japaner zu Waschlappen

Seit der Zusammenhang zwischen Salzzufuhr und Bluthochdruck zum Thema wurde, hat die Bewegung zur Salzrestriktion deutliche Auswirkungen gehabt, und der jährliche Salzverbrauch in Japan ist stark gesunken. In Japan leben heute ungefähr 130 Millionen Menschen. Wenn man von einer täglichen Salzzufuhr von 15 Gramm pro Person ausgeht, dann läge der Bedarf an Speisesalz in einem Jahr bei etwas über 700 000 Tonnen. In dieser Menge ist auch das Salz enthalten, das bei der Lebensmittelherstellung verwendet wird. Vor dreißig Jahren, als ich mich mit dem Salzproblem zu befassen begann, lag der Jahresverbrauch bei etwa 380 000 Tonnen. Nach den neuesten Tabellen liegt diese Zahl jetzt bei 250 000 Tonnen. Das bedeutet, dass der Salzverbrauch in diesen dreißig Jahren deutlich zurückgegangen ist. Diese Zahlen finden sicher den Beifall der Leute, welche die Bewegung zur Salzrestriktion vorangetrieben haben, aber eigentlich sind sie erschreckend, denn sie zeigen, dass Japan sehr schnell zu einem kranken Land werden dürfte.

Wenn die Salzrestriktion erst einmal so weit um sich gegriffen hat, sind die Gesundheit und das Leben der Japaner in Gefahr. In jüngster Zeit gibt es kluge und weitsichtige Ärzte, die aufgrund von Haaranalysen und Blutuntersuchungen vor einem Zustand generellen Salzmangels warnen.

Das erklärt auch, warum die jungen Männer in Japan keine rechte Energie mehr haben. Auch bei jungen Frauen nimmt die Zahl derjenigen rasant zu, die infolge unvernünftiger Diäten Symptome wie Blutarmut, Kälteempfindlichkeit, Schwindel beim Aufstehen, Menstruationsstörungen, Unfruchtbarkeit, Schulterschmerzen, Erschöpfung oder Kraftlosigkeit entwickeln. Die Zahl der Menschen, die an seniler Demenz leiden, beträgt in Japan zurzeit etwa 350 000. Doch wenn man weiterhin in erster Linie chemisch reines Kochsalz zuführt und gleichzeitig immer weniger Salz aufnimmt, ist zu befürchten, dass diese Zahl sich in den nächsten zwanzig Jahren mehr als verdoppeln dürfte.

In Japan wurde 1971 per Gesetz die Herstellung von natürlichem Meersalz in Salzfeldern eingestellt und durch ein völlig neues chemisches Verfahren der Salzherstellung ersetzt, das Elektrolyseverfahren mittels Ionenaustauschermembran. Dahinter stand zunächst die Absicht, das bisherige kostspielige Verfahren der Salzproduktion durch ein kostengünstiges zu ersetzen. Gleichzeitig mit der Einführung von raffiniertem Kochsalz kam die Bewegung zur Salzrestriktion in Gang – mit unabsehbaren Folgen für die Gesundheit der japanischen Bevölkerung, die sozusagen einem gigantischen physiologischen Experiment ausgesetzt wurde.

Wenn man wirklich der offiziellen Empfehlung

folgt, die tägliche Salzzufuhr unter 5 Gramm zu reduzieren, dann sinkt die Salzkonzentration im Blut bis auf 0,2 Prozent, und das könnte fatale Folgen haben. Doch selbst in Krankenhäusern, die dem Salzanteil so wenig Bedeutung beimessen, gibt man Notfallpatienten sofort eine Infusion mit physiologischer Kochsalzlösung.

Also kommt es darauf an, nicht die Salzzufuhr zu reduzieren, sondern das richtige Salz auszuwählen. Nach der völligen Aufhebung des staatlichen Salzmonopols in Japan im Jahr 2002 bekam jedermann die Freiheit, Salz zu produzieren und mit Salz zu handeln. Diese Chance sollte genutzt werden, um das Wissen über Salz nach Möglichkeit zu vertiefen und zu verbreiten.

Das Salz des Lebens und die richtige Dosis

Der menschliche Körper besteht zu etwa 70 Prozent aus Wasser (Körperflüssigkeiten). In den Körperflüssigkeiten sind Elektrolyte wie Salze und Mineralstoffe mit einem normalen Anteil von 0,875 Prozent gelöst. Bei 50 Kilogramm Körpergewicht bedeutet das zum Beispiel, dass der Körper 35 Kilogramm Wasser und Körperflüssigkeiten enthält. Da ihr Salz- und Mineralstoffanteil 0,875 Promille beträgt, sind das ungefähr 30 Gramm. Natürlich gibt es Unterschiede je nach Alter und Arbeitsverhältnissen, doch bei normalen Lebensumständen kann man davon ausgehen, dass täglich etwa die Hälfte davon, also 15 Gramm, in Form von Schweiß, Urin und Kot ausgeschieden werden. Diese Menge entspricht der täglich aufzunehmenden Menge an Salzen und Mineralstoffen. Auf eine rechnerische Formel gebracht, beträgt diese Menge bei den vorausgesetzten Werten:

Körpergewicht (50 000 Gramm) ×
0,3 Promille (= 15 Gramm)

Und diese Formel kann auch bei Normalgewichtigen von durchschnittlicher Größe der Maßstab sein. (Wenn Sie unsicher bei der Berechnung Ihres Tagesbedarfs sind, sollten Sie sich von einer Fachkraft beraten lassen. Wichtig ist jedoch immer auch die ausreichende Aufnahme von Flüssigkeit.)

Etwa ein Drittel dieser Menge entfällt auf Natrium, das sich im Darm mit einer Art von Sauermilch, einem Produkt der Darmflora, verbindet und Natriumzitronat bildet. Durch blutphysiologische Untersuchungen wurde nachgewiesen, dass Zitronensäuresoda oxidative Substanzen, die durch Ermüdung entstehen, reduziert und das Blut gut zum Fließen bringt. Bei Bluttransfusionen wird heute stets 3 Milliliter Zitronensäuresoda hinzugegeben. Das ist ein weiterer Beleg dafür, wie wichtig der Salzanteil ist.

Zitronensäuresoda und Chlor wirken auf diese Weise in Magen und Darm als Verdauungssäfte und Säurebildner. Deshalb steht fest, dass Salz als Grundnährstoff des Lebens bei keiner unserer Lebensaktivitäten fehlen darf.

3.
Salz beherrscht das Schicksal des Menschen

Beweise für die Giftigkeit von Kochsalz

Es sind die im Salz enthaltenen Mineralstoffe, welche die Körperflüssigkeiten und die lebenssteuernden Enzyme kontrollieren. Dieses Salz sollte in seiner Zusammensetzung den Körperflüssigkeiten möglichst nahe sein und reichlich Spurenelemente enthalten. Dies ist das Salz, das wir als physiologisches, antioxidatives, reduzierendes Salz bezeichnet haben. Trotz des derzeitigen Salzbooms gab es niemanden, der ein solches Salz herstellt.

Der Grund, warum wir uns mit der Salzproduktion befasst haben, hängt auch mit einem Artikel über raffiniertes Salz zusammen, in dem der deutsch-amerikanische Biologe Jacques Loeb (1859–1924) schon um 1900 seine Ergebnisse und Beweise zur Toxizität von Kochsalz veröffentlicht hat. Einen weiteren Artikel zu diesem Thema hat J. Langley unter dem Titel »Beweise für die Toxizität von Kochsalz« publiziert. Der Inhalt von Professor Loebs Untersuchungen war für uns schockierend und völlig neu.

Loeb ging bei seinen Experimenten von der Entdeckung aus, dass kleine Fische in Kondens- bzw. destilliertem Wasser eine Zeit lang überleben können. Dieses Phänomen führte schließlich zum Beweis der Toxizität von Kochsalz.

Nachdem er junge Fische in verschiedenen Behältern mit destilliertem Wasser ausgesetzt hatte, gab er bei den einen Meersalz hinzu und bei den anderen reines Natriumchlorid, um herauszufinden, ob die kleinen Fische darin überleben könnten oder nicht. Bei diesem Experiment konnte er nachweisen, dass die kleinen Fische in einer Lösung mit natürlichem Meersalz kein Problem hatten, während Lebewesen auf der Basis von chemisch reinem Salz nicht überleben können. Das war der Beweis für die Toxizität von raffiniertem Salz.

Zu dieser Frage hat Dr. Morishita Keiichi an der Medizinischen Hochschule Tôkyô ähnliche Experimente durchgeführt.

Salz zur Herstellung von Miso und Shôyu

Zu den Grundlagen der japanischen Esskultur gehören mit Salz hergestellte Nahrungsmittel wie Miso und Sojasoße (Shôyu) sowie verschiedene, mit Salz eingelegte Speisen. Wenn Eiweißstoffe, Salz und natürliche Mikroorganismen über einen längeren Zeitraum fermentieren, entwickeln sich ein besonderer Geruch, eine besondere Färbung und ein besonderer Geschmack. Diese spezielle Esskultur konnte sich so herausbilden, weil es natürliches Meersalz gab, das in Salzfeldern entstand und reichlich Mineralstoffe enthielt. Aus dem Grund werden in Japan Reis und Salz als »Grundstoffe des Lebens« bezeichnet.

Um mich über die traditionelle Miso- und Shôyu-Herstellung zu informieren, besuchte ich in der Präfektur Saitama Herrn Tomio Kitani, den Chef der Firma Yamaki, der mich durch seinen Betrieb führte.

Als wir den Miso-Speicher betraten, war der Raum erfüllt von einem unbeschreiblichen Miso-Duft. In jenem Speicher standen ganze Reihen von Miso-Fässern, die einen Menschen in der Größe überragen. Diese eindrucksvollen Fässer hatten einen Durchmesser von 2,50 Metern und waren aus Zedernholz angefertigt.

»Sie stammen noch aus der Zeit meines Vaters in den dreißiger Jahren. Wenn ich heute die gleichen Fässer bei einem Küfer bestellen will, dann heißt es, dass das kein Handwerker mehr machen kann«, erklärte mir Herr Kitani.

Die 56 Fässer wurden von dicken Bambusreifen zusammengehalten. Auf jedem Fass bemerkte ich ein Schildchen, auf dem der Name der Verbraucherorganisation stand, für die das betreffende Fass bestimmt war.

Die Familie Kitano hatte dieses Gewerbe in der Präfektur Gumma schon seit vielen Generationen ausgeübt, bevor der Vater des jetzigen Chefs hier einen neuen Betrieb eröffnete. Da von jener Zeit an Miso und Shôyu nicht mehr zu Hause selbst hergestellt wurden, arbeitete die Firma der Familie Kitano für Bauern und bäuerliche Genossenschaften. Herr Kitano erklärte mir:

> »Damals brauchte man nur das Rohmaterial in Empfang zu nehmen und zu verarbeiten. Sonst musste man sich um nichts kümmern. Vor etwa vierzig Jahren bekamen wir die ersten Aufträge für Miso und Shôyu von Verbraucherorganisationen und Genossenschaften, die sich für bessere Lebensmittelqualität einsetzten. Seit etwa 1970 benutzen wir nur Sojabohnen aus japanischem Anbau ohne Zusatzstoffe und ausschließlich natürliches Meersalz.«

Beim Prozess der Miso-Herstellung wird zuerst der so genannte fermentierte Kôji-Reis hergestellt, indem man gedämpften Reis mit Kôji-Enzym (Aspergillus oryzae) versetzt und drei Tage bei 33 bis 35 Grad und passender Luftfeuchtigkeit stehen lässt. Danach werden Sojabohnen gewaschen, mit Dampf gekocht und dann abgekühlt. Sojabohnen und Kôji-Reis werden zu gleichen Teilen mit 11 Prozent natürlichem Meersalz vermischt und gut zerstampft. Das Ganze kommt anschließend in Fässer, um ein Jahr zu reifen. An den »Hundstagen« wird der Fassinhalt einmal bis zum Boden umgerührt und mit Luft in Berührung gebracht.

Früher hieß es noch »das dreijährige Miso«. Wenn ich gefragt werde, ob ein Jahr ausreicht, so sage ich, dass sich das Miso in dieser Zusammensetzung nach einem Jahr verzehren lässt. Weil man früher sehr viel Salz hinzugegeben hat, war Miso nach einem Jahr noch nicht richtig reif und schmeckte im Fass sehr salzig. Nach drei Jahren bekam es endlich einen leckeren Geschmack. Dies ist das antioxidative, reduzierende dreijährige Miso. Wenn man sein Redoxpotenzial mit einem ORP-Messgerät (für »Oxidation-Reduktion-Potenzial«) misst, dann erhält man einen Messwert von unter minus 100 Millivolt (mV): ein erstklassiges Miso, in dem zum Beispiel auch Eisennägel nicht rosten. Dieses Miso hat eine so stark reduzierende Kraft, dass man damit sogar Brandwunden behandeln kann.

Auch für Shôyu werden Sojabohnen aus japanischem Anbau benutzt. Wenn man sie mit natürlichem Meersalz reifen lässt, erhält man eine schmackhafte Sojasoße. – Herr Kitano:

»In jüngster Zeit heißt es immer: ›Salz reduzieren, Salz reduzieren!‹ Wir hier sollten den Salzanteil unter 9 Prozent senken, aber wenn man bei Miso unter 10 Prozent und bei Sojasoße unter 14 Prozent geht, werden sie letztlich sauer im Geschmack. Und wenn man dann statt Salz keine Konservierungsmittel benutzt, verderben sie.«

Der Shôyu-Speicher ist in einem anderen Gebäude. Man muss auf eine Leiter steigen, um auf die Fässer schauen zu können. Die Oberfläche sah aus wie eine Mondlandschaft, von vielen kleinen Kratern übersät, welche die aufsteigenden Gärungsbläschen hinterlassen hatten. Die bräunlich schwarze, nicht raffinierte »Sojasoßenmasse« war schon genügend gereift und hatte einen Zustand erreicht, in dem man sie jederzeit auspressen konnte.

Wenn man während der Gärung zwischen dem dritten und sechsten Monat den Deckel öffnet, riecht die Sojasoßenmasse noch nicht, und die einzelnen Sojabohnen haben sich in Form und Farbe kaum verändert. Aber nach ungefähr einem Jahr sind die Bohnen halb aufgelöst und rötlich braun verfärbt.

Beim Prozess der Sojasoßenherstellung wird zuerst Weizen geröstet und zermahlen. Die Sojabohnen werden gedämpft und zum Abkühlen stehen gelassen. Dann mischt man Sojabohnen und Weizen, impft sie mit Kôji-Ferment und lässt diese Mischung bei 25 bis 30 Grad Celsius und passender Luftfeuchtigkeit stehen. In drei Tagen entsteht so »Sojasoßenmaische« (*de-kôji*). Dazu gibt man eine 22-prozentige Salzlauge mit natürlichem Meersalz und lässt das Ganze zwei Jahre lang reifen. Während dieser Zeit öffnet man einmal in der Woche (während der »Hundstage« alle drei Tage) den Deckel und durchmischt alles gut bis zum Boden, damit die Maische mit Luft in Berührung kommt. Nach drei Jahren wird die ausgereifte Maische in Baumwolltücher gepackt und in mehreren Schichten übereinander gelegt, sodass die fertige Sojasoße durch den natürlichen Druck langsam herausgepresst wird. Da das Rohmaterial aus biologischem Anbau stammt, braucht die fertige Sojasoße nicht mehr erhitzt zu werden.

Nach den »Hundstagen« bilden sich durch Einwirkung metallischer Spurenelemente verschiedene Enzyme, welche die Hefen aktivieren, und dann kommt die Gärung in Gang. So entsteht das »Schwarze Wasser des Ostens«. In einer solchen Sojasoße sind die Hefebakterien noch lebendig. Wenn man sie zu Fleisch gibt, werden die Bakterien aktiv und machen das Fleisch weich.

Auf solche Art hergestellt, haben Miso und Shôyu mit ihren antioxidativen und reduzierenden Eigenschaften die Kraft, den aktiven Sauerstoff zu reduzieren, der durch die radioaktive Strahlung von Strontium und Cäsium entsteht. Nach der Reaktorkatastrophe von Tschernobyl soll aus Japan ziemlich viel Miso nach Weißrussland geschickt worden sein.

Bei der marktüblichen Sojasoße wird ein beschleunigtes Gärungsverfahren verwendet, das nur drei bis vier Monate dauert. Beim Miso dauert es sogar nur zwanzig Tage. Seit zehn Jahren ist die Biotechnologie so weit fortgeschritten, dass es nur eine Woche braucht. Wenn man vor allem billiger und schneller produzieren will, dann benutzt man kein ordentliches Rohmaterial und beliefert die Kunden mit einer Art »Kunstprodukt«.

»Wenn auf der Verpackung dann ›naturrein, ohne Zusatzstoffe‹ steht«, berichtet Herr Kitano mit trauriger Miene, »glaubt der Verbraucher, dass darin keinerlei Zusatzstoffe enthalten sind. Aber die Hersteller sind in Japan verpflichtet, lediglich 68 von insgesamt 347 (erlaubten) Zusatzstoffen anzugeben. Auch wenn sie die restlichen Zusatzstoffe benutzen, dürfen sie einfach ›naturrein, ohne Zusatzstoffe‹ schreiben, ohne sich zu schämen. So wird heute in unserem Gewerbe gearbeitet.«

Teil IV:
Körperpflege
mit EM-Salz

1.
Gesunde Haut

Schöne Haut und Ernährung

Viele Frauen besorgen sich die ganze Palette der Basiskosmetik, reiben sich vor dem Schlafengehen mit einer nährenden Creme ein, machen sich Gesichtsmasken ... und scheuen keine Mühe, um ihre Haut zu pflegen und zu schützen. Doch frage ich mich, ob Schönheit etwas ist, was besonderer Bemühungen bedarf. Viel wichtiger ist es, im Alltag mit Genuss und Dankbarkeit Lebensmittel zu verzehren, die im Einklang mit der Natur stehen – ohne dabei zu vergessen, sie gut zu kauen! Das führt dazu, dass der Zustand von Magen und Darm sich reguliert und alle inneren Organe gut funktionieren.

Wenn man im Gesicht Ausschläge bekommt, kann

man davon ausgehen, dass der Magen gestört ist. Auch Verstopfung ist ein großer Feind der Schönheit. Es scheint viel wirkungsvoller zu sein, den Glanz und die Vitalität der Haut, die jeder von uns ursprünglich besitzt, durch die Kraft der Lebensmittel wiederherzustellen.

Es ist schon viel über Salz als Gewürz und Mittel zur Gesundheitspflege geschrieben worden. Um die Auswirkungen der Ernährung auf die Schönheit nachweisen zu können, braucht es etwas Zeit. Dagegen scheinen sich die Schönheitswirkungen von EM-Salz relativ schnell zu zeigen.

Kosmetika auf Petroleumbasis schaden der Haut

»Was man essen kann, kann man auch auf den Körper auftragen«, heißt es seit alters in Japan. Dies trifft ebenso auf natürliche Kosmetika zu, die schon längere Zeit Beachtung finden. So ist zum Beispiel Aloe Vera auch als Salat lecker, aber sie wirkt darüber hinaus bei Brandwunden und Hautentzündungen. Aus den Kräutern, die bei der Aromatherapie verwendet werden, stellt man sowohl Essenzen als auch Kräutertees her. Dagegen bilden bei den meisten Kosmetika, welche zurzeit auf dem Markt sind, flüssige und feste Paraffine, die aus dem Rohstoff Erdöl hergestellt werden, den Hauptbestandteil. Denn diese Substanzen haben die Eigenschaft, sich glatt und gut verstreichen zu lassen. Doch dahinter verbirgt sich eine Falle.

Falls Sie herkömmliche Kosmetik im Haus haben, können Sie das testen: Nehmen Sie einmal einen Teelöffel davon, erhitzen Sie das über einer kleinen Flamme und warten Sie ab, was dann passiert – Ihre Kosmetik verbrennt, indem sie schwarzen Rauch und einen furchtbaren Gestank verbreitet.

Für die Haut bedeutet dies, dass die unnatürlichen und oxidativ wirkenden Mineralöle aktiven Sauerstoff freisetzen. Wenn man ferner Kosmetika, denen man verschiedene Aromastoffe und chemische Substanzen beigemischt hat, über einen längeren Zeitraum benutzt, darf man sich nicht wundern, wenn die Haut unrein, trocken und fleckig wird oder zu Teer-Melanodermie neigt. Das kann man gut erkennen, wenn man sich nach dem Abschminken vor den Spiegel stellt und die Hautpartien an Hals und Dekolleté, die man immer besonders eifrig mit Kosmetika behandelt hat, mit den Stellen vergleicht, die nicht damit in Berührung gekommen sind. Wo ist die Haut frischer und jugendlicher?

Wie die meisten anderen Dinge, so haben auch Kosmetika ihre Vor- und Nachteile. Man wird kaum leugnen können, dass die Schönheitspflege an sich dem Leben einen gewissen Rhythmus gibt, das Selbstbewusstsein stärkt und verschiedene positive Wirkungen auf die Psyche hat. Auf der anderen Seite halte ich es aber für bedauerlich, dass die Haut chronisch ermüdet, obwohl man sich so große Mühe gibt, sie zu pflegen.

Wahre Schönheit

Bei meinen Geschäftsreisen durch ganz Japan lerne ich viele Frauen kennen. Ich begegne den verschiedensten Typen von Menschen und kann sagen, dass ich die japanischen Frauen wunderbar finde. Damit meine ich nicht das Aussehen und den äußeren Stil. Vielmehr sind es kleine Gesten und elegante Bewegungen, das Strahlen der Augen oder eine Aufrichtigkeit, die sich in einem lebhaften Gesichtsausdruck spiegelt. Da gibt es Frauen, die ihren Gesprächspartner irgendwie mit ihrer Fröhlichkeit anstecken; Frauen voller Selbstbewusstsein, die trotzdem eine aufrichtige Bescheidenheit an den Tag legen; und Frauen mit einem faszinierenden Lächeln. Das sind für mich die schönen Frauen meiner Träume.

Diesen Frauen ist gemeinsam, dass sich bei ihnen innere Schönheit gleichzeitig mit äußerer Schönheit wie einer ausdrucksvollen Miene, leuchtenden großen Augen und straffer Haut verbindet. Sie besitzen die Klugheit, ihre Haut zu pflegen, ohne Kosmetika zu benutzen.

Schöne Haut für alle

Auf meinen Geschäftsreisen besuche ich auch die Länder Südostasiens und staune dabei immer wieder über die schöne Haut der anderen Asiatinnen. Ihre Haut ist zwar nicht so hell, dafür aber glatt, glänzend und gesund. Dagegen nimmt in Japan die Zahl der Frauen mit wirklich schöner Haut von Jahr zu Jahr ab, auch wenn ihre Gesichtszüge noch so gut geformt sein mögen.

Der Engländer Lafcadio Hearn, der um 1900 als Sprachlehrer nach Japan gekommen war, eine Japanerin geheiratet und unter dem Namen Koizumi Yagumo die japanische Staatsbürgerschaft angenommen hatte, war voller Bewunderung für die Schönheit der Japanerinnen: »Das höchste Kunstwerk im japanischen Kaiserreich sind seine Frauen. Die Schönheit ihrer feinen, straffen Haut, ihre eleganten Bewegungen, das Strahlen ihres Gesichts und ihrer Augen – das lässt mich immer wieder staunen!« Doch wohin sind die schönen Blumen von Yamato verschwunden?

Sogar in Übersee war bekannt, dass die Japanerinnen im Vergleich zu den europäischen Frauen, die in einem trockeneren Klima leben und viel tierisches Eiweiß verzehren, ursprünglich eine feinere Haut hatten. Das hängt damit zusammen, dass Japan mit günstigen natürlichen Verhältnissen gesegnet und die traditionelle japanische Kost ein Geschenk der Natur ist. Diesen Faktoren ist es zu verdanken, dass sich im Lauf der Zeit eine besondere körperliche Konstitution herausbilden konnte. Diese wunderbare Gabe einer schönen und gesunden Haut wurde von Generation zu Generation weitervererbt. Doch in den letzten dreißig, vierzig Jahren hat die Zahl der Japanerinnen mit Hautproblemen rapide zugenommen. Was ist aus der Schönheit der japanischen Haut geworden, die Lafcadio Hearn einst als »Kunstwerk« gepriesen hatte?

Wieso ist die Haut der Frauen in südostasiatischen Ländern so schön, obwohl ihre einheimische Kost nicht so gesund wie die traditionell japanische ist und sie einer stärkeren UV-Strahlung ausgesetzt sind als in Japan? Diese Frage habe ich bei einem Besuch in Singapur ein paar einheimischen Frauen gestellt und von ihnen übereinstimmend die folgende Antwort erhalten: »Wir haben nicht das Geld, um uns diese oder jene Kosmetika zu kaufen, und so können wir uns extra Schönheitspflege einfach nicht leisten.« Könnte es sein, dass diese Frauen ihre schöne Haut gerade deshalb bewahren, weil sie keine Kosmetika benutzen? Inzwischen habe ich aus verschiedenen dermatologischen Studien gelernt, dass Kosmetika, die auf Petroleumbasis hergestellt sind, gesundheitsschädlich sind.

Mit EM-Salz zu samtweicher Haut

Wenn ich die Leute frage, ob sie glauben, dass sie eine schöne Haut hätten, antworten mir nur wenige mit Ja.

Viele scheinen sich mit ihren Hautproblemen abgefunden zu haben. Doch im Unterschied zu Kleidern, die im Lauf der Zeit alt werden, bewahren die Hautzellen ihre wunderbare Regenerationsfähigkeit bis ans Lebensende. Natürlich bezieht sich das nicht auf den gesunden Glanz der jugendlichen Haut, aber wenn man täglich antioxidatives, reduzierendes Salz zuführt, traditionelle japanische Kost bzw. eine vergleichbar ausgewogene und gehaltvolle Nahrung isst und so dafür sorgt, dass die für die Hormonsekretion und den Stoffwechsel essenziellen antioxidativen, reduzierenden Enzyme in ausreichendem Maße produziert werden, dann altert die Lederhaut nicht so einfach. Der lebende Beweis dafür sind in ganz Japan zahlreiche Sechzig- bis Siebzigjährige, die trotz ihres Alters eine bewundernswert glänzende und feuchte Haut besitzen. Wenn sich Frauen deshalb Sorgen machen, sollten sie wissen, dass sie die wunderbare Veranlagung haben, jederzeit und überall wieder schön zu werden, und nicht zu resignieren brauchen. Dazu reicht es zum Beispiel, die Gesichtshaut mit antioxidativem, reduzierendem Salz (EM-Salz) zu waschen und zu pflegen.

Diese Methode ist wirklich einfach. Man gibt etwas von diesem Salz auf die Hand, befeuchtet es mit ein wenig Wasser und wäscht damit das Gesicht, als wollte man es ganz leicht massieren. »Was? Salz anstelle von Seife?«, werden manche Leute verblüfft fragen. Ja! Im Gegensatz zu raffiniertem Salz besitzt mineralstoffreiches antioxidatives, reduzierendes Salz natürliche bakterizide Wirkungen. Solches Salz strafft die Haut und hat eine direkte, stimulierende Wirkung auf den Hautstoffwechsel. Unsere Vorfahren scheinen das gewusst zu haben, und sie nutzten dieses Wissen geschickt im Alltag.

Allerdings gab es früher sicher weniger Leute, die unter Hautproblemen litten, weil die Ernährung noch natürlich war und es weder Luftverschmutzung noch Kosmetika auf Petroleumbasis gab. Deshalb waren die Schönheitswirkungen von Salz kein besonderes Thema. Folglich sollten wir heutzutage die natürliche Regenerationskraft der Haut stärken, auf eine gesunde Ernährung achten und die ursprüngliche Schönheit der Haut sowohl von innen heraus als auch von außen her pflegen.

2.
Innere Anwendungen

Körperpflege mit EM-Bokashi-Creme und Salz

Allen, die Probleme mit ihrem Hüftumfang und einem dicken Bauch haben, möchte ich die Massage mit EM-Bokashi und Salz empfehlen. Diese Methode kann man nach dem Baden praktizieren. Man braucht dazu 2 bis 3 Teelöffel EM-Salz, 2 Esslöffel Reiskleie (*nuka*), 2 bis 3 Teelöffel EM-Bokashi und 1 Teelöffel eines regenerativen Allzweckreinigungs- und Pflegemittels (Bezugsquellen am Ende des Buches). Diese Substanzen verreibt man mit Wasser zu einer Creme, mit der man den ganzen Körper von Kopf bis Fuß einreiben kann. Da diese Creme antioxidativ und reduzierend wirkt, rostet Eisen darin nicht. Schuppen und Juckreiz verschwinden damit in zwei bis drei Tagen.

Bei Zahnfleischbluten sollte man reichlich EM-Salz zu dieser Creme geben und das Zahnfleisch damit kräftig massieren. Zunächst kann es dabei zu Zahnfleischbluten kommen, aber wenn man einfach weitermacht, hört das in zwei bis drei Tagen auf. Massiert man das Zahnfleisch täglich auf diese Weise, wird es wieder gesund, kräftig und gut durchblutet. Da antioxidatives, reduzierendes Salz die Eigenschaft besitzt, pathogene Keime zu unterdrücken, kann man es bei Halsschmerzen auch gut zum Gurgeln benutzen.

Zur Behandlung von Empyemata (Eiteransammlungen in den Nasennebenhöhlen) kann man einen Teelöffel EM-Salz auf die Handfläche geben und es in etwa 40 Grad warmem Wasser auflösen. Diese Lösung saugt man dann abwechselnd in die linke und rechte Nasenhöhle – das heißt, man macht damit eine Nasenspülung, die ziemlich effektiv ist. Wenn man anstelle normaler Augentropfen eine Lösung von 0,9 Prozent EM-Salz in EM-X benutzt, verschwinden Verunreinigungen und Müdigkeit, und die Augen werden wieder klar. Bei manchen Leuten verbessert sich dadurch sogar die Sehkraft.

Wie bereits erwähnt wurde, kann man für bettlägerige Senioren eine Mischung aus EM-X und EM-Salz machen und damit die Fußsohlen einreiben und den ganzen Fuß massieren. Vor allem sollte man dabei die Fußsohlen und die Zehen ordentlich einreiben und sie fünf bis fünfzehn Minuten massieren. Außerdem kann man geschwächten Personen Nudelsuppe (zum Beispiel mit japanischen Udon-Weizennudeln) mit reichlich EM-Salz zu essen geben. Es ist schon vorgekommen, dass bettlägerige Patienten danach wieder aufstehen konnten.

Blutreinigung und Diät mit EM-Salz

Wer eine Lösung mit Spurenelementen oder EM-Salz einnimmt, kann mit sofortigen positiven Wirkungen rechnen. Zuerst wird der Stuhl weich, und Verstopfung bessert sich sofort. Das gilt auch für Durchfall. Dies geschieht, weil die Spurenelemente die guten Bakterienstämme der Laktobakterien und Bifidusbakterien stärken. Die im Darminnern aktivierten Laktobakterien erweitern ihren Einflussbereich und vermehren sich rapide mithilfe des Pankreassekrets, eines stark alkalischen Verdauungssafts aus der Bauchspeicheldrüse. Durch die von den Laktobakterien ausgeschiedene »Sauermilch« und die antioxidativen Substanzen werden die metallischen Mikroelemente ionisiert und dann in der Blutbahn in alle Winkel des Körpers transportiert, um die Produktion der verschiedenen Enzyme zu aktivieren.

Das führt unter anderem dazu, dass der Stuhl sich gelb färbt, seinen Geruch verliert und auf dem Wasser schwimmt. Vor allem verändern sich aber die neu gebildeten Zellen und damit auch der Zustand von Magen, Darm, Blut, Knochen, Gehirn und Gesicht. Das zeigt an, dass die Spurenelemente effektiv arbeiten und das Blut leichtflüssig geworden ist.

Die Nahrung wird der Reihe nach in Mund, Magen und Darm verdaut. Wenn im Magen genügend Verdauungsenzyme und Salzsäure vorhanden sind, können Proteine, Getreide und Zuckerstoffe richtig aufgespalten werden. Das gilt natürlich auch für alle Gemüse. Wenn man genügend Chlorid, das Ausgangsmaterial für Salzsäure, aufnimmt, werden unter anderem auch Fette leichter verdaut.

Manchmal entdeckt man, dass Frauen, die eigentlich natürliche Ernährung bevorzugen, und Leute, die Naturreis statt des polierten weißen Reises zu sich nehmen, dennoch unnatürliche Nahrungsmittel wie süßen Kuchen essen. Wenn man sie nach dem Grund fragt, so sagen sie: »Ohne etwas Süßes oder ein süßes, fetthaltiges Dessert zu essen, bin ich nicht zufrieden.« Wenn man sich so verhält, kann man sich noch so sehr bemühen abzunehmen, es wird nicht gelingen.

Ursprünglich wird die in Naturreis enthaltene Stärke von den Verdauungsenzymen schon beim gründlichen Kauen im Mund in Zuckerstoffe aufgespalten. Bei Menschen, die gewöhnlich nur raffiniertes Salz nehmen oder die Salzzufuhr reduzieren, funktioniert das aber nicht mehr so einfach. Wenn man süßen Kuchen isst, nachdem man dem Körper eigens

Zuckerstoffe aus gutem Naturreis zugeführt hat, dann sind diese Zucker nicht aufgenommen worden, und aus diesem Gefühl des Mangels war instinktiv das Verlangen nach etwas Süßem entstanden. Solche Menschen leiden an Salzmangel, weil sie dazu neigen, ihr Essen nur schwach zu salzen. Ein derartiger Zustand des Salzmangels verhindert auch, dass der in den Keimen des vollen Getreides enthaltene Fettanteil verstoffwechselt wird. Dadurch entsteht ein Gefühl des Fettmangels, sodass man sogar nach einer schönen natürlichen Mahlzeit große Lust auf etwas Fetthaltiges oder ein süßes, fetthaltiges Dessert bekommt.

Um bei ihrer Diät bessere Erfolge zu erzielen, sollten solche Menschen täglich eingelegte Salzpflaumen (Umeboshi) essen, die es im Japan-Laden zu kaufen gibt. Wenn sie außerdem jeden Morgen nach dem Aufstehen 4 bis 5 Gramm EM-Salz in einem halben Liter Wasser auflösen und das jeden Tag trinken, dann verschwindet dieses Problem.

Teil V:
Die Entwicklung
von EM-Salz

1.
EM – seine Anfänge und seine wunderbaren Kräfte

Ein glücklicher Zufall

Im Jahr 1993 habe ich unter dem Titel »Eine Revolution zur Rettung der Erde« im Sunmark Verlag, Tôkyô, mein erstes Buch über das Wunder und die möglichen Anwendungen der Effektiven Mikroorganismen (EM) veröffentlicht. Dieses Gemisch verschiedenartiger Mikroben hatte ich 1979 durch einen glücklichen Zufall in meinem Forschungslabor an der Ryûkyû-Universität auf Okinawa entdeckt. Was auf den ersten Blick so aussah wie ein symbiotisches Miteinander von ganz normalen, überall auf der Erde vorkommenden Mikroorganismen wie Photosynthesebakterien, Laktobakterien und Hefepilzen, sollte sich als Mikrobenmischung von außergewöhnlicher Kraft erweisen.

Das anfängliche EM setzte sich letztlich aus 81 verschiedenen Mikrobenarten (fünf Familien, zehn Gattungen, 81 Spezies) zusammen, von denen nachweislich bekannt war, dass der Mensch sie unbedenklich zu sich nehmen konnte. Sie waren das Ergebnis einer sorgfältigen Auslese aus über 2000 Arten, die man bisher schon effektiv in der Landwirtschaft und der Lebensmittelverarbeitung genutzt hatte. Da ich es für sicher hielt, bei meinen Forschungen auf die komplizierte getrennte Beseitigung der einzelnen Arten im Labor zu verzichten und alle zusammen zu entsorgen, leerte ich alle Proben gemeinsam, die ich jeweils in verschiedenen Gruppen untersucht hatte, und schüttete sie einfach auf ein Versuchsfeld und den Rasen vor meinem Labor. Damit begann die Geschichte von EM, denn es zeigte sich, dass das üppige Wachstum, die unerwarteten Erträge und die verschiedenen Blumensorten die normalen Erwartungen bei weitem übertrafen.

Weil ich mir dachte: »Wenn es doch ungefährlich ist und gute Ergebnisse bringt ...«, beschloss ich, diese Entdeckung einfach zu akzeptieren, denn schließlich war ich auf dem Gebiet der Mikrobiologie ein völliger Laie.

Damals vertrat man im Allgemeinen die Auffassung, dass es schwierig ist, verschiedenartige Mikroben gemeinsam zu züchten. Man dachte, es käme zu Konflikten, wenn man Mikroorganismen mit unterschiedlichen Eigenschaften zusammenbrächte. Aber in Wirklichkeit lebten in jener Mischung, die so wunderbare Resultate gezeigt hatte, auch nach einem halben Jahr verschiedene Stämme harmonisch zusammen, und auch die Ergebnisse beim Pflanzenwachstum hatten sich nicht verschlechtert.

Ich kam zu dem Schluss, dass eine praktische Anwendung möglich sein sollte, wenn das Gemisch über ein halbes Jahr stabil bleibt. Mit verschiedenen Methoden testete ich die kombinierte Züchtung, hatte dabei aber nur Misserfolge. Zuletzt blieb mir nichts anderes übrig, als mich getreulich an die frühere Zufallsmethode zu halten. Vom Standpunkt der Mikrobenzüchtung widerspricht diese Methode dem allgemeinen Standard, denn der pH-Wert von unter 3,5 liegt deutlich im sauren Bereich, und außerdem findet das Ganze unter anaeroben Bedingungen statt. Trotzdem existieren unter diesen Voraussetzungen auch aerobe Mikroorganismen, von denen man zahlreiche Arten, die unter pH 4 eigentlich nicht gedeihen sollten, nachgewiesen hat. Vom naturwissenschaftlichen Standpunkt aus war es notwendig, sowohl diesen ungewöhnlichen Zustand als auch die gegenseitige Kausalität zu erklären. Für einen Laien wie mich wurde das letztlich zu einem großen Problem, dem ich völlig hilflos gegenüberstand.

Der ursprüngliche Ausgangspunkt meiner Forschungen war die Auseinandersetzung mit der Tatsache, dass die moderne Landwirtschaft durch den übermäßigen Einsatz von Kunstdünger und Pestiziden die Umwelt zerstört, den Ackerboden ruiniert und dadurch die menschliche Gesundheit untergräbt. Für einen Mann wie mich, für den die Landwirtschaft die vornehmste menschliche Tätigkeit darstellt, war dies einfach inakzeptabel. Deshalb hatte ich begonnen, mich mit der Anwendung von Mikroorganismen in der Landwirtschaft zu befassen, weil ich Alternativen zur Agrarchemie entwickeln wollte.

So wie ich das jetzt zu Papier bringe, mag es völlig logisch und konsequent erscheinen, doch anfangs habe ich mich nicht nur mit Mikroben, sondern auch mit allen möglichen anderen Verfahren wie der Anwendung verschiedenartiger Katalysatoren, Halbleiter oder Magnete und dem Wasser beschäftigt. Folglich galt den Mikroorganismen nur ein Teil meiner Aufmerksamkeit.

Im Einzelnen verlief das so, wie in meinen anderen Büchern über EM beschrieben, aber ohne mir darüber im Klaren zu sein, war mein Buch »Eine Revolution zur Rettung der Erde« zu meinem sozialen Manifest geworden. Seine zentrale Aussage lautet: »Die Probleme der Ernährung, der Umwelt, der Medizin, der Gesundheit und der Energie von Grund auf lösen und eine erstrebenswerte Gesellschaft der Zukunft aufbauen, die auf Koprosperität und Koexistenz basiert.«

Weltweite Erfolge

EM wird heute bereits weltweit in über hundert Ländern benutzt und hat auf den Gebieten der Lebensmittelproduktion und der Umweltsanierung bemerkenswerte Erfolge hervorgebracht.

In diesem Zusammenhang ist vor allem das Lebensmittelproblem in Nordkorea zu erwähnen, das aufgrund struktureller Zusammenhänge als schwer lösbar gilt. Nachdem EM in jenem Land in großem Umfang angewendet worden war, erreichte man schon nach wenigen Jahren ein relativ hohes Niveau. Schon Ende September 2000 hielt man in Pyöngyang unter staatlicher Regie eine internationale Konferenz über EM-Technologie ab, bei der die nordkoreanischen Erfolge beim Einsatz von EM der Weltöffentlichkeit vorgestellt wurden.

Bei der EM-Anwendung im Umweltbereich ging es ursprünglich um Müllrecycling, die Reinigung von Flüssen und Meeresbuchten und die grundlegende Lösung von Hygieneproblemen. Doch im Lauf der Zeit erweiterte sich das Anwendungsspektrum auf alle möglichen Gebiete wie Maßnahmen gegen Dioxin, Schwermetalle und Radioaktivität. In diesem Zusammenhang möchte ich den Einsatz von EM in der japanischen Algenzucht (Nori) in Utsumi in der Präfektur Hiroshima erwähnen: Dort stellte man nämlich fest, dass das Meer nach längerer Anwendung von EM wieder sauber und fruchtbar wurde. Aus diesem

Grund wurde EM auch zur Reinigung der Ariake-Bucht im Westen von Kyûshû eingesetzt, wo es Probleme mit der Entfärbung und den geringen Erträgen bei der Nori-Zucht gegeben hatte. Wenn man im Haushalt EM-1 mit Reiswaschwasser (japanisch *togishiru*) zu EM-A vermehrt und es zum Waschen, im Bad und zum Reinigen von Gemüse usw. benutzt, kann es als Ersatz für chemische Reinigungsmittel dienen. EM-A beseitigt auch Schlamm in gemeinschaftlichen Klärtanks, verbessert die Wasserqualität und macht viele Abwasseranlagen entbehrlich. Wenn man mit EM gereinigtes Abwasser in die Flüsse leitet, werden sie wieder zu sauberen Gewässern mit Forellen und Leuchtkäfern im Uferbereich.

Im Meer erschienen nach dem Einsatz von diesem Wasser wieder Asari-Muscheln (doppelschalige Muscheln, Tapes philippinarum) und verschiedene Arten von Meeresbewohnern. Solche praktischen Anwendungsbeispiele sind aus ganz Japan bekannt. EM macht nicht nur die Quelle der Umweltverschmutzung zur Quelle der Umweltreinigung und zu einer wertvollen natürlichen Ressource, sondern hat auch seine regenerierenden Kräfte in allen möglichen Bereichen bewiesen.

Auch auf dem Gebiet der Lebensmittelverarbeitung hat sich EM als effizient bei der Qualitätssteigerung gezeigt. Wenn man für die Reinigung des Rohmaterials EM benutzt und auf der Stufe der Veredlung EM-X hinzugibt, werden Konservierungsmittel völlig überflüssig, und das Produkt bleibt über einen langen Zeitraum im gewünschten Zustand. Denn durch EM lässt sich die Haltbarkeitsdauer enorm verlängern und auch die Qualität von Lebensmitteln erheblich steigern.

Im Gegensatz zu EM (EM-1) ist EM-X ein Erfrischungsgetränk mit starken antioxidativen Wirkungen. Es enthält verschiedenartige Antioxidanzien und Mineralstoffchelate, die durch Fermentation mit EM gebildet werden. Wenn man Brennstoffen wie Heizöl oder Benzin ungefähr den 5000. Teil der Menge an EM-X hinzufügt, steigt die Brennleistung um 20 bis 30 Prozent, und die Abgase werden sehr viel sauberer.

Es gibt zahlreiche praktische Beispiele für Energieeinsparungen von 20 bis 30 Prozent, wenn man dem Anstrich für Elektroleitungen, elektrischen Haushaltsgeräten und anderen Maschinen 1 bis 3 Prozent EM-X beimischt.

Besonders eindrucksvoll ist die Rostschutzwirkung von EM-1 oder EM-X. Wenn man Maschinen mit EM-1 abwäscht oder abwischt und anschließend mit etwas EM-X einsprüht oder einreibt, ist der Rostschutz perfekt; auch gebrauchte Geräte glänzen und funktionieren dann wieder wie neu. Wenn man diese Pflege regelmäßig wiederholt, ist es möglich, die Lebensdauer von Geräten zu vervielfachen. Durch Zugabe von EM-X oder EM-X-Keramik (EM-Superkeramik) lassen sich Motoröl, Frittieröl oder Kühlschmierstoffe praktisch eine halbe Ewigkeit benutzen.

Bei EM-X-Keramik wird dem Ton vor dem Brennen EM und EM-X beigemischt. Die gebrannten Keramikstücke werden bei der Wasserbehandlung, gegen Elektrosmog oder zum Schwingungsausgleich für den menschlichen Körper benutzt. Man kann EM-Keramik-Pipes (kleine Keramikröhrchen) auch in den Benzintank legen, um die Brennleistung zu verbessern. Als Pulver in Anstrichfarben und beim Hausbau zeigt EM-X-Keramik deutliche Wirkungen. Es verhindert, dass die verschiedenen Materialien degenerieren, sorgt für saubere Luft und schützt vor dem so genannten Sick-House-Syndrom (allergische Reaktionen auf Chemikalien und Kunststoffe in Bauten). Derart allmächtige Kräfte sind mit dem bisherigen Wissen nicht zu begreifen, lassen sich aber im Wesentlichen durch Synergieeffekte von drei Phänomenen erklären: die verschiedenen durch EM erzeugten antioxidativen Substanzen, die entionisierende Wirkung von EM sowie eine bestimmte Art von elektromagnetischen Resonanzschwingungen (Gravitationswellen).

Die Zusammensetzung von EM

Bei der Entwicklung von EM waren von über 2000 untersuchten Arten nützlicher Mikroorganismen 81 für Mensch und Tier unschädliche Arten übrig geblieben. Deshalb stellte mich die Frage nach dem gegenseitigen Gleichgewicht und den ursächlichen Beziehungen in EM vor unlösbare Probleme. Da diese schwierigen Fragen selbst ein Fachmann nicht ohne weiteres beantworten könnte, habe ich als Laie von Anfang an darauf verzichtet und meine Kraft darauf gerichtet, die Wirkungen von EM wiederholbar zu machen. Dabei hat sich gezeigt, dass EM in der modernen Landwirtschaft, die hauptsächlich mit Kunstdünger und Pestiziden arbeitet, sehr gut als alternative Technologie eingesetzt werden kann.

EM hat die Eigenschaft, einerseits die Aktivität von degenerativen Mikroben zu unterdrücken, andererseits für die gewöhnlich in der freien Natur lebenden Pflanzen und Tiere völlig unschädlich zu sein und in irgendeiner Form positive Wirkungen auszuüben.

Auch für uns Menschen hat EM sehr günstige Eigenschaften. Falls man Probleme mit schädlichen, unhygienischen Insekten wie Flöhen, Moskitos, Milben oder Kakerlaken hat, nimmt deren Zahl beim kontinuierlichen Einsatz von EM extrem ab. Bei höheren Tieren verschwinden schädliche Insekten ebenso im Handumdrehen; Feldfrüchte wachsen kräftig; Blumen bleiben frisch und haltbar; und Obstbäume tragen eine Menge köstlicher Früchte.

Da alle auf der Erde existierenden Lebewesen auf die gemeinsame DNS (Desoxiribonukleinsäure, englisch DNA) angewiesen sind, ist die Vorstellung von der fundamentalen Gleichheit allen Lebens weit verbreitet. Von den Prinzipien der Genforschung her gesehen, verhält sich das tatsächlich so, aber in ihrer Aufgabenverteilung sind die Lebewesen ihrer Art nach verschieden. Folglich gibt es bei so genannten schädlichen Parasiten Unterschiede, in welchem Umfang die oxidativen Fermente oder freien Radikale (aktiver Sauerstoff), die sie in ihrem Körper tragen, freigesetzt werden. Diese Frage stellt sich deshalb, weil starke Giftstoffe die Eigenschaft haben, extrem starke freie Radikale zu erzeugen. Zum Beispiel befinden sich unter den normalen Dickdarmbakterien Fäulnisbakterien mit stark oxidativen Fermenten, und pathogene Dickdarmbakterien wie die berüchtigten schädlichen Kolibakterien O-157 erzeugen stark oxidative Enzyme, die ihrerseits Substanzen bilden, die extrem aggressive und giftige freie Radikale freisetzen.

Die verschiedenen von EM gebildeten Antioxidanzien haben die Eigenschaft, die Wirkung der dominierenden oxidativen Enzyme zu hemmen. Wenn man zum Beispiel im Labor pathogene Dickdarmbakterien oder Fusarien (eine Art von Schimmelpilzen) züchtet und durch EM erzeugte Antioxidanzien hinzugibt, werden die schädlichen Keime in der nächsten Generation zu nichtpathogenen, harmlosen Dickdarmbakterien oder Fusarien. Aus dem gleichen Grund zeigt EM-X auch gute Wirkungen bei der gefährlichen MRSA-Infektion (MRSA = methicillinresistenter Staphylococcus aureus, siehe Seite 266), bei der alle Antibiotika versagen.

Nach zahlreichen praktischen Erfahrungen mit EM stellte sich die Frage, ob die anfangs in EM enthaltenen über achtzig Mikrobenarten wirklich notwendig sind oder nicht. Bei der Verbreitung von EM im Ausland kam es auch öfters vor, dass man je nach Land die wissenschaftlichen Bezeichnungen sowie die Kultivierungs- und Testmethoden als Ganzes übernehmen wollte. Außerdem war unsicher, ob die ausländischen Partner einwandfreies EM nach unseren Richtlinien züchten könnten. Weil es je nach Land auch hohe Kosten verursachen und entsprechendes Personal brauchen würde, um über achtzig Arten zu testen, haben wir das in der Anfangsphase in einigen Fällen abgelehnt.

Zur Züchtung von EM werden vor allem Melasse (aus Zuckerrohr) und Reiskleie verwendet. Weil dabei keine besonderen Maßnahmen zur Beseitigung fremder (schädlicher) Keime eingesetzt werden, fliegen aus der Luft unzählige Mikroben herbei. Melasse enthält ebenfalls natürliche Laktobakterien und Hefepilze in großer Zahl. In der Reiskleie existieren vor allem Nattô-Bakterien, aber auch verschiedene Hefepilze entwickeln sich darin von selbst, und im Wasser leben natürlich zahllose Mikroorganismen. Folglich befinden sich in der fertigen EM-Flüssigkeit zahlreiche nützliche Mikroben, die nicht zur anfänglichen Stammlösung gehörten.

Vor diesem Hintergrund begannen die Arbeiten zu der Frage, welche unter den 81 Arten wirklich notwendig sind. Zum Glück fanden wir schließlich heraus, dass anaerobe Photosynthesebakterien mit synthetischen Fähigkeiten sowie Laktobakterien und Hefen, die sowohl anaerobe als auch aerobe Funktionen zeigen, unverzichtbar sind. Was die anderen Arten von Mikroorganismen angeht, so wurde als Besonderheit festgestellt, dass es solche gibt, die aus der Natur und den bei der Züchtung benutzten Stoffen aufgenommen werden, während andere gleichzeitig mit den im Wasser oder im Boden vorkommenden Mikroben wachsen, wenn man EM längere Zeit anwendet.

2.
EM und Salz

EM und die Mineralstoffzufuhr

Während sich unser Wissen über EM vertiefte, begannen immer mehr gefälschte Produkte aufzutauchen, die in großen Mengen mit EM gezüchtet wurden, und das führte überall zu Problemen. Die meisten Menschen mit EM-Allergien sind heute Opfer von qualitativ instabilem, falschem EM. Auch in der Welt der Mikroorganismen herrschen strenge ökologische Prinzipien. Es ist allgemein bekannt, dass Mikroben wie EM, die in ihrer Zusammensetzung noch so hervorragend sein mögen, keine Wirkung zeigen, wenn sie in zu geringer Menge vorhanden sind. Deshalb sollte man bei der Anwendung von EM ganz einfach so vorgehen, dass man es im Boden und in der Umwelt so lange anwendet, bis es dominierend wird. Wenn EM keine Wirkung zeigt, so bedeutet das einfach, dass man anfangs zu wenig davon benutzt hatte und man mehr einsetzen sollte.

In verschmutzten Böden, wo es große Mengen von Oxidanzien gibt, dominieren die schädlichen Mikroorganismen, die oxidative Substanzen bevorzugen. Auch Biomüll und Abfälle bei der Tierhaltung, bei der üble Gerüche entstehen, sind voll von schädlichen Mikroben. In der Kanalisation oder verschmutzten Seen und Flüssen herrschen ähnliche Verhältnisse. In solchen Fällen werden ziemlich große Mengen von EM benötigt. Dabei wäre es wegen der hohen Kosten kaum möglich, das handelsübliche EM-1 zu benutzen.

Zum Glück lässt sich EM-1 auch von Laien in einer Plastikflasche unter Luftabschluss ganz einfach vermehren, wenn eine bestimmte Menge an Zucker und organischen Nährstoffen vorhanden sind. Anfangs habe ich eine Methode zur EM-Vermehrung propagiert, bei der hauptsächlich Melasse benutzt wurde. Heute wird in japanischen Haushalten im Allgemeinen etwas dickeres Reiswaschwasser (nach dreimaligem Waschen von weißem Reis) unter Zusatz von je 1 bis 2 Prozent EM-1 und Zucker in eine Plastikflasche gefüllt und ein paar Tage lang unter Verschluss warm gehalten, zum Beispiel an einem Platz in der Sonne oder in einem »Fermenter« (»Brutkasten«).

EM an einen sonnigen Platz mit relativ hohen Temperaturen zu stellen, steht in völligem Widerspruch zum bisherigen Wissen über Mikroorganismen, aber wenn man Photosynthesebakterien, die den Kern von EM bilden, der Sonne aussetzt und erwärmt, entfalten sie eine lebhafte Aktivität. Auch Laktobakterien und Hefen vermehren sich unter Luftausschluss in Gesellschaft von Photosynthesebakterien deutlich schneller und erzeugen verschiedene Arten von Antioxidanzien, selbst wenn sie der Sonne und Temperaturen über 35 bis 40 Grad ausgesetzt sind. Weil dabei Kohlensäure entsteht, baucht sich die Plastikflasche aus; deshalb sollte man das Gas mehrmals täglich kurz entweichen lassen. Zu dem Zeitpunkt, da die Gasentwicklung deutlich nachlässt (nach ungefähr fünf bis sieben Tagen), ist das aktivierte EM (EM-A) gebrauchsfertig.

Dieses vereinfachte Verfahren hat dazu geführt, dass EM inzwischen überall in Japan benutzt wird und die verschiedensten Methoden entwickelt wurden, um die Anwendung von EM zu verbreiten und zu verbessern. Dabei ist beachtenswert, dass die Aktivität von EM-A sich verstärkt, wenn man bis zu 1 Prozent natürliches Salz hinzugibt.

Auch mit normalem Kochsalz, das zu über 99 Prozent aus reinem Natriumchlorid besteht, wird noch eine gewisse aktivierende Wirkung erreicht. Das beste Resultat erhält man jedoch, wenn man EM mit Meerwasser züchtet, denn das dabei erzeugte EM-A zeigt nahezu allmächtige Kräfte.

Die in EM vorhandenen Fermentbakterien wie Photosynthesebakterien, Laktobakterien und Hefen existieren auch im Meerwasser in großen Mengen. Im Meerwasser hat man Mikrobenarten von großer Effektivität entdeckt. Hinter dem Verfahren, EM in Meerwasser zu kultivieren, stand anfangs der Gedanke, die Mineralstoffzufuhr zu verbessern, und als man die Salzbeständigkeit von EM feststellte, wurde es möglich, EM in Meerwasser zu züchten. Diese Methode wird in Japan wie gesagt bei der Reinigung verschmutzter Meeresbuchten in großem Maßstab eingesetzt, wie zum Beispiel bei den erwähnten Initiativen zur Reinigung der Inlandsee und der Ariake-Bucht.

Wenn mit Meerwasser gezüchtetes EM-A in hundert- bis zweihundertfacher Verdünnung auf Pflanzen oder Feldfrüchte gesprüht wird, verschwinden schädliche Parasiten sofort, und das Wachstum verbessert sich deutlich. Feldfrüchte, die auf diese Weise behandelt werden, entwickeln Eigenschaften wie funktionale Lebensmittel, weil sie über einen ausgeglichenen Mineralstoffgehalt und eine starke antioxidative Wirkung verfügen.

Während ich den Zusatz von Natursalz oder den Gebrauch von Meerwasser propagierte, bin ich auf eine ungewöhnliche Erscheinung aufmerksam geworden. Wenn man den Salzanteil erhöht, beschleunigt sich bei Metallen gewöhnlich die Rostbildung. Dagegen haben wir festgestellt, dass bei EM mit Salzgehalt die

Rostbildung nicht weiter fortschreitet und der Rost sogar abgeht.

Ein großes soziales Ziel der EM-Bewegung ist die grundlegende Lösung für die Probleme der Gesundheit und der medizinischen Behandlung. Deshalb habe ich im Jahr 2000 in Zusammenarbeit mit mehreren japanischen Ärzten im Verlag Sôgô Unicom das Buch »Die Revolution der EM-Medizin« herausgegeben. Bis zur Verwirklichung einer Gesellschaft, die weitgehend ohne Ärzte auskommt, bedarf es noch zahlreicher praktischer Maßnahmen und vor allem auch großer Ausdauer. Unter anderem hat sich gezeigt, dass mit EM gereiftes Meersalz Kräfte besitzt, welche die bisher bekannten positiven Wirkungen von natürlichem Speisesalz weit übertreffen. Wenn man qualitativ gutem Salz, das für unser alltägliches Leben wirklich unersetzlich ist, durch Behandlung mit EM regenerierende Eigenschaften verleiht, wird es unweigerlich zu einem Produkt mit hervorragenden vorbeugenden Wirkungen für die menschliche Gesundheit.

Wozu braucht der Mensch Salz?

Bis jetzt habe ich über die besonderen Eigenschaften von EM und seine wunderbare Beziehung zu Salz geschrieben. Über Salz und EM begann ich ernsthaft nachzudenken, als mir auffiel, dass die wahre Wirkung von Mineralen sich zu zeigen begann, wenn man bei der EM-Herstellung Minerale benutzte, wie sie vor allem in Natursalz vorkommen. Dies ist verschieden von einer einfachen Zumischung von Mineralstoffen.

Als ein großes anzustrebendes Ziel der EM-Bewegung propagierte ich den »Aufbau einer gesunden Gesellschaft, in der keine Ärzte mehr gebraucht werden«. Neben der Anwendung von EM in der biologischen Landwirtschaft, bei Umweltproblemen und bei der Lebensmittelverarbeitung entwickelten sich verschiedene Anwendungen im Gesundheitsbereich. Stellvertretend dafür mag das Fermentationsgetränk EM-X stehen, das aber wegen seines hohen Preises nicht in großem Umfang benutzt werden kann. Trotzdem ist es schon ziemlich wirkungsvoll, Wasser und Lebensmittel lediglich mit etwas EM-X zu besprühen. Ich selbst reichere ebenfalls das von mir benutzte Salz mit etwas EM-X an.

Bisher vertrat man die Auffassung, dass man ausreichend mit den lebensnotwendigen Mineralstoffen versorgt ist, wenn man eine Vielzahl verschiedener Nahrungsmittel verzehrt. Diese Auffassung musste aber grundsätzlich verneint werden wegen der Erfahrungen, die man bei der Behandlung von Feldfrüchten mit Mineralen, welche mit EM fermentiert worden waren, und unbehandelten Substanzen gemacht hatte. Wenn man Mineralstoffe an der Luft liegen lässt, haben sie die Eigenschaft, Feuchtigkeit anzuziehen und schnell zu oxidieren. Das gilt für alle Minerale, die in

Form von Salzen vorliegen. Außerdem haben Minerale die Eigenschaft, dass sie von Lebewesen nur schwer resorbiert werden, wenn sie nicht in Form von Salzen vorliegen.

Auf die grundlegende Frage »Warum brauchen Tiere und Pflanzen Salz?« erhält man im Allgemeinen die Antwort: »Salz ist eine für den Körper notwendige Substanz; es spielt eine wichtige Rolle bei der Homöostase der Körperflüssigkeiten wie Blut und beim Energieaustausch.« Im Hinblick auf die Enzymaktivität bzw. die Aktivierung der DNS betont man außerdem die wichtige Rolle der Spurenelemente.

Auf die Frage, warum man ohne Salz nicht leben kann, erhält man die gleiche Antwort, aber sie reicht nicht aus, um befriedigend zu erklären, warum man Salz im Essen braucht. Dabei mag sich auch die Frage stellen, ob man Salz und Essen nicht getrennt zu sich nehmen könnte, wo es sich doch um zwei verschiedene Dinge handelt. Doch natürlich wissen wir alle, dass Essen ohne Salz nicht schmeckt.

Salz hat die Aufgabe, durch das Zusammenwirken von Mikroorganismen und Enzymen für die Verdauung und Aufnahme von Nährstoffen zu sorgen. So bewirkt zum Beispiel die Aktivität der Enzyme, dass Eiweißstoffe in Aminosäuren aufgespalten werden. Sie werden im Darm nur schwer resorbiert, wenn sie nicht in Form von Sodasalzen bzw. Natriumverbindungen vorliegen.

Dieses Phänomen wird Solubilisation (»Löslichmachung«) genannt. Der Begriff bezeichnet gewöhnlich einen Zustand, in dem eine Substanz in Wasser gelöst und vom Körper aufgenommen wird.

Glutaminsäuresoda ist dafür ein repräsentatives Beispiel. Die Empfindung, dass Fleisch ohne Salz besonders schlecht schmeckt, hängt damit zusammen, dass wir eine ziemliche Menge Natrium brauchen, um eine größere Portion von Eiweißstoffen bioverfügbar zu machen.

Natrium ist der Hauptvertreter der positiven Ionen, Chlor der Hauptvertreter der negativen Ionen. Damit Mineralstoffe verfügbar werden, müssen sie Chlor- oder Schwefelverbindungen eingehen. Die in Meerwasser enthaltenen Mineralsalze wie Kalzium- und Magnesiumchlorid sind in erster Linie Chlorverbindungen; außerdem finden sich im Meerwasser noch Schwefelverbindungen.

Wenn das Essen nicht schmeckt, weil es zu wenig gesalzen ist, dann kann man als Warnung sogar etwa Folgendes hören: »Mit dieser geringen Menge Salz sind die Nährstoffe nicht genügend löslich und können deshalb vom Körper nicht resorbiert werden.« Deshalb leidet der größte Teil derjenigen Leute, die den Salzverbrauch reduzieren, an Energiemangel und Kraftlosigkeit und ist anfällig für Infektionen. Und wenn man sich schnell erkältet, ist das Immunsystem geschwächt.

Salz führt je nach Milieu zur Bildung von freien Radikalen. Dies hat im Körper Auswirkungen auf die Homöostase und die Beseitigung schädlicher Mikroben und zeigt sogar unerwartete Wirkungen gegen Infektionskrankheiten, weil es das Immunsystem stärkt.

Eine weitere Rolle spielt Salz mit seiner Fähigkeit, Rückstände im Körper wie Stoffwechselschlacken und abgestorbene Zellen aufzulösen und zusammen mit Urin und Schweiß auszuscheiden. Wenn nicht genug Salz im Essen ist, schmeckt es nicht, und weil der Körper dann nicht nur schlechter verdauen und resorbieren, sondern auch die Rückstände nicht richtig ausscheiden kann, kommt es zur Entstehung von chronischen Krankheiten. Daher hat Salz mit seiner reduzierenden Wirkung die Kraft, Oxidanzien zu neutralisieren, freie Radikale nur in passender Menge zu bilden und generell keimtötend zu wirken. Gleichzeitig fördert es die Funktionen, die im Körper zur Aufnahme von Nährstoffen und zur Ausscheidung von Rückständen notwendig sind.

Dabei stellt sich die Frage, ob das nicht auch mit normalem raffiniertem Speisesalz funktioniert, das zu über 99 Prozent aus NaCl besteht und keinerlei Spurenelemente enthält. Die im Meerwasser enthaltenen Spurenelemente sind als Mineralstoffquelle von großer Bedeutung, weil sie in Form von Chlor- und Schwefelsalzen direkt vom Körper resorbiert werden können. Wenn man zu 99 Prozent aus Natriumchlorid bestehendes Kochsalz benutzt, die Nahrung aber ordentlich kaut und auf eine Art und Weise verzehrt, dass die

Spurenelemente in der Nahrung bioverfügbar werden, ist es durchaus so, dass Salz nicht besonders viele Spurenelemente zu enthalten bräuchte.

Doch im heutigen Fast-Food-Zeitalter kauen die Leute ihr Essen immer weniger. Es besteht ein enger Zusammenhang zwischen der Entwicklung des Kinns und der Gesichtsform, und es fällt auf, dass sich der Kiefer bei den Japanern und anderen Völkern in den industrialisierten Ländern allmählich zurückbildet. Anscheinend gerät auch der allgemeine Grundsatz »Kaut es gut, euer Essen!« immer mehr in Vergessenheit.

In solchen Zeiten müssen wir eine Methode finden, wie wir die Spurenelemente, die mit der Enzym- und DNS-Aktivität zusammenhängen, regelmäßig und effizient aufnehmen können. Deshalb kann man abschließend sagen, dass das derzeitige Interesse an Natursalz zur rechten Zeit gekommen ist.

Das Geheimnis des ozeanischen Tiefenwassers

Meerwasser aus tieferen ozeanischen Schichten, das zuerst in der Präfektur Kôchi auf der Insel Shikoku kommerziell gewonnen wurde, hat wegen seiner wunderbaren Wirkungen inzwischen in ganz Japan einen Meerwasserboom ausgelöst. Dieses so genannte Tiefenwasser wird aus über 200 Metern Tiefe hochgepumpt. In diese Regionen gelangt kein Sonnenstrahl, und dort herrschen Wassertemperaturen von unter 5 Grad Celsius. Die Qualität des Meerwassers soll mit der Tiefe zunehmen.

Wenn man mit derartigem Wasser Tôfu herstellt, schmeckt er besser und ist länger haltbar. Gibt man bei der Produktion von Bier, Sake oder Sojasoße Tiefenwasser hinzu oder benutzt man Wasser, das durch Umkehrosmose aus Tiefenwasser hergestellt wurde, führt das zu einer enormen Verbesserung und Stabilisierung der Qualität. Dieses Wasser ist auch gut für die Schönheit, denn es trägt bei Hautproblemen wie Neurodermitis zur Besserung bei. Daraus gewonnenes Speisesalz ist äußerst gesund. Tiefenwasser zeigt auch hervorragende Wirkungen bei der Fischzucht, und wenn man es in der Landwirtschaft in starker Verdünnung auf die Blätter sprüht oder die Wurzeln damit begießt, reduzieren sich einerseits die Schäden durch Parasitenbefall, während sich andererseits Wachstum, Frische und Haltbarkeit verbessern. Bei allen verarbeiteten Nahrungsmitteln, bei denen Salz aus Tiefenwasser benutzt wird, steigern sich Qualität und Geschmack. Für seine Nutzanwendung scheint es wirklich keine Grenzen zu geben.

Zu den Besonderheiten des Meerwassers aus tieferen Schichten gehört, dass es reich an verschiedenen Nährsalzen und nahezu keimfrei ist und fast keine Verunreinigungen durch Mikroorganismen enthält.

Das könnte den Eindruck erwecken, es sei einfach, Wasser mit solchen Eigenschaften künstlich herzustellen, aber in Wirklichkeit ist das keineswegs der Fall. Wie schon gesagt, besitzt Tiefenwasser gewaltige Kräfte; doch wenn man die entsprechenden Salze in destilliertem, keimfreiem Wasser löste, würden sich diese Eigenschaften nicht zeigen.

Zu den weiteren Besonderheiten des Meerwassers aus tieferen Schichten gehört, dass normales Wasser oder Meerwasser, dem man eine winzige Menge Tiefenwasser hinzugibt, für eine gewisse Zeit die Eigenschaften von Tiefenwasser annimmt. Das bedeutet, dass wir es hier mit einem Phänomen zu tun haben, bei dem das Prinzip der Verdünnung keinerlei Gültigkeit mehr hat. Wenn man Kaffee oder Reiswein vier bis fünf Minuten lang mit einer Flasche voll Tiefenwasser in Berührung bringt, wird der Geschmack dieser Getränke milder – genau wie bei Wasser, das mit EM-X oder EM-X-Keramik behandelt wurde.

Doch diese wunderbaren Eigenschaften des Tiefenwassers gehen schnell verloren, und es wird wieder zu ganz gewöhnlichem Meerwasser, wenn man es in die Sonne stellt, auf normale Temperatur erwärmt oder mit Sauerstoff in Berührung bringt. Um Tiefenwasser aufzubewahren, sollte man es also gut verschließen und nicht in die Sonne stellen, denn es hat die Eigenschaft, bei normaler Zimmertemperatur allmählich zu verderben.

Diese Phänomene sind aber nicht auf Meerwasser aus tieferen Schichten beschränkt, denn auch auf der Erde gibt es viele Orte, an denen Wasser mit derartigen Eigenschaften aus tieferen Schichten hervortritt. Solches Wasser nennt man in Japan »Götterwasser«, und es gilt als wunderkräftig. Die Quellen an solchen Orten schütten unabhängig von der Niederschlagsmenge gleichmäßig aus, und ihre Wassertemperatur liegt unter 15 Grad. Wenn solches Wasser durch Bohrungen zum Fließen gebracht wurde, stammt es aus Schichten von mehreren hundert Metern Tiefe. Da Quellwasser in vielen Fällen in Kalkgestein durch Gesteinsschichten von mehreren hundert Metern gesickert ist, kommt es nicht selten vor, dass es über fünfzig bis hundert Jahre dauert, bis das ehemalige Regenwasser wieder ans Tageslicht tritt. Gewöhnlich wird es als Wasser bestaunt, in dem Eisen nicht rostet, und es soll umso besser wirken, je mehr verschiedene Minerale es enthält.

Außerdem sollen Schlammbäder, bei denen man in Nordeuropa oder in Russland (besonders in der ostsibirischen Küstenregion bei Wladiwostok) mit Schlamm vom Meeresboden massiert wird, bei allen möglichen hartnäckigen Krankheiten helfen. Ich habe in einem Sanatorium in Wladiwostok eine solche Behandlung mit Schlamm vom Meeresboden erlebt. Dabei handelt es sich um eine Masse mit stark reduzierender Wirkung, deren Geschmack dem koreanischen Bambussalz (japanisch *takeshio*) ähnelt. Nach Auskunft der dortigen Experten ist die Wirkung umso besser, je größer die Tiefe ist, aus der man den Schlamm hochholt. Doch wenn man den Schlamm lange liegen lässt und mit Luft in Berührung bringt, kann er sich so verändern, dass er gegenteilige Wirkungen zeigt.

Die Besonderheiten des Tiefenwassers

Bei meinen Überlegungen, warum Wasser aus den tieferen Schichten des Ozeans und der Erde derartig wunderbare Eigenschaften hat, kamen mir verschiedene Gemeinsamkeiten und Möglichkeiten in den Sinn.

Die erste Besonderheit ist die Tatsache, dass in Tiefen über 200 Metern praktisch ein Druck von mehr als 20 Atmosphären herrscht. Wenn man einen dickwandigen Plastikkanister einem Druck von mehreren Atmosphären aussetzt, platzt er schließlich. Ferner entspricht ein Druck von 20 Atmosphären der Kraft, die nötig ist, um Wasser bis 200 Meter hochzuspritzen. Selbst mit Hochdruck-Feuerwehrpumpen ist es nicht leicht, Wasser höher als 100 Meter zu spritzen. Wenn dieser hohe Druck über lange Zeit anhält, wird der im Wasser gelöste Sauerstoff vertrieben. Das führt dazu, dass dieses Wasser reduzierende Kräfte entwickelt.

Wie wir bereits wissen, liegt der Grund dafür, dass Substanzen ihre Funktionalität (regenerative Kraft) verlieren, degenerieren und zerfallen, in der extrem starken Wirkung der freien Radikale und des aktiven Sauerstoffs. In Anwendung dieses Prinzips werden in jüngster Zeit bei der Nahrungsmittelverarbeitung zur Konservierung, Haltbarmachung oder Qualitätsverbesserung verschiedene Mittel zur Sauerstoffabsorption benutzt.

In reduzierendem Wasser ist aktiver Wasserstoff enthalten, der stark mit Sauerstoff reagiert. Dabei bildet der aktive Wasserstoff in reduzierender Reaktion mit aktivem Sauerstoff, der eigentlichen Ursache der Qualitätsverschlechterung, wieder Wasser. Deshalb zeigen sich in solchem Wasser verschiedene regenerative Wirkungen. Ein extremes Beispiel für solche Reaktionen ist das so genannte überkritische Wasser.

Damit bezeichnet man Wasser, das durch extreme Erhitzung und extremen Druck in einen Aggregatzustand versetzt wird, in dem schwer spaltbare chemische Substanzen aufgespalten werden können. Als »kritisch« bezeichnete man in der Atomphysik ursprünglich einen Zustand, in dem bei Uran und anderen radioaktiven Elementen die Kernspaltung einsetzt. Das heißt, dass man diesen Ausdruck zur Beschreibung von Substanzen benutzt, deren Zustandsform sich schlagartig ändern kann. Heute gilt im Allgemeinen ein Zustand als kritisch, in dem radikale Reaktionen, die über die ursprünglichen Eigenschaften einer bestimmten Substanz hinausgehen, ausgelöst werden.

Bei »überkritischem Wasser« handelt es sich also um Wasser, das unter extrem hohem Druck (250 bis 300 Atmosphären) und hohen Temperaturen (250 bis 300 Grad Celsius) entstanden und mit aktivem Wasserstoff angereichert ist. Es besitzt unter anderem die Eigenschaft, chemische Substanzen wie Dioxin, die mit den normalen Verfahren nur schwer aufzuspalten sind, mit einem Schlag aufzuspalten.

In letzter Zeit sind in Japan verschiedenartige »magische Produkte« im Handel erschienen, bei denen man sich die Eigenschaften des aktiven Wasserstoffs zunutze macht: so unter anderem ein Wasser, das jeden Schmutz entfernt; ein Pulver, das schädliche chemische Substanzen auflöst; eine Wunderdose, in der alte Lebensmittel wieder frisch und lecker werden; Kästchen oder Aufkleber, die Batterien länger haltbar machen; eine Fülle von Produkten, die uns gesund machen, wenn wir sie am Körper tragen bzw. den Ackerboden oder unser Anwesen zu einem »heiligen« Ort machen (ein Ort der Heilung, an dem alles gesund wird).

Wenn man eine beliebige Substanz mit hoher Temperatur und hohem Druck behandelt und in sauerstofffreiem Zustand hält, wird sie irgendwelche besonderen Eigenschaften entwickeln. Aus diesem Grund finden auch die Eigenschaften moderner Keramik in vielerlei Hinsicht Beachtung. Ferner werden die negativen Ionen aus der Kombination von aktivem Kohlenstoff aus Holzkohle mit der Entladung negativer Ionen aus »elektrischen« Steinen wie Turmalin oder Aquamarin praktisch genutzt. Wenn man Halbleitersubstanzen wie Titanoxid ins Wasser legt und der Einwirkung von Licht aussetzt, entwickelt sich ebenfalls aktiver Wasserstoff. Diese Phänomene werden in modernen funktionalen Produkten in großem Umfang genutzt.

Es ist zwar möglich, die wunderbaren Wirkungen des Tiefenwassers im Hinblick auf Oxidation-Reduktion so zu erklären, dass es aktiven Sauerstoff bindet und regenerierend wirkt, doch wie später noch genauer erklärt werden soll, geht die Wirkung von Tiefenwasser in Wirklichkeit weit darüber hinaus.

Die zweite Besonderheit von Tiefenwasser hängt damit zusammen, dass es überhaupt nicht mit Licht in Berührung kommt. Lichteinwirkung hat zur Folge, dass vor allem Lebewesen, in denen die Photosynthese stattfindet, und Mikroorganismen aktiv werden und dass das Wasser in Strömung versetzt wird. Deshalb ist es von Bedeutung, dass kein Licht bis zum Tiefenwasser vordringt.

Die dritte Besonderheit des Tiefenwassers besteht darin, dass es nahezu völlig frei von Verunreinigungen ist. Ein hoher Druck von 20 Atmosphären reicht aus, um Bakterien und schädliche Mikroben vollständig abzutöten. Bei reduzierendem Wasser mit Temperaturen unter 5 Grad kann man erwarten, dass es sich in einem keimfreien Zustand befindet.

Die vierte Besonderheit von Tiefenwasser besteht darin, dass es nicht nur die für alle Lebewesen essenziellen Mineralstoffe in ausgewogener Form enthält, sondern auch Peptide, Aminosäuren und Polysaccharide. Beim Mineralstoffgehalt besteht kein großer Unterschied zwischen normalem Oberflächen- und Tiefenwasser, aber bei der chemischen Form der Minerale und den Eigenschaften organischer Substanzen, die in niedrigmolekularer Form vorliegen, gibt es erhebliche Differenzen.

Weil Tiefenwasser in einem sauerstofffreien Zustand ist, liegen nämlich alle Minerale in reduzierender Form vor und bilden mit niedrigmolekularen Proteinen, Sacchariden und organischen Säuren Chelate. Deshalb haben diese Minerale und organischen Substanzen katalytisch starke antioxidative Wirkungen.

Anscheinend ist es ein Rätsel, warum Ozeanwasser aus tiefen Schichten solche Peptide, Aminosäuren und niedrigmolekulare Saccharide enthält. Selbst auf dem Meeresboden in 3000 oder 10 000 Metern Tiefe hat man in großer Zahl ferment-aktive Mikroben wie Laktobakterien und Hefen, also Artgenossen von EM, entdeckt. Man kann davon ausgehen, dass dies das

Ergebnis einer lang andauernden Gärungszersetzung unter der Einwirkung solcher enzymaktiven Mikroben ist. Dabei werden unter anaeroben Bedingungen organische Substanzen in niedrigmolekulare Formen zerlegt, wie zum Beispiel Proteine in Aminosäuren. Der größte Teil der auf dem Markt erhältlichen und praktisch genutzten Niedrigtemperaturenzyme, die selbst bei Temperaturen unter 5 Grad Gärungsprozesse auslösen, stammen aus Meeresschichten von über 2000 Metern Tiefe.

Tiefenwasser und Syntropie

Meerwasser aus tieferen Schichten, aus dem man durch Umkehrosmose den Salzanteil entfernt hat, besitzt wie Wasser aus den tiefen Schichten der Erde kleinere Cluster. Es weist unter anderem die Eigenschaft auf, dass Metall darin nicht rostet. Wenn man mit diesem Wasser Zement anrührt, wird der fertige Beton feinkörnig wie Kalkgestein und auch wesentlich härter. Was die wunderbaren Wirkungen des Meerwassers aus tieferen Schichten angeht, so hat man festgestellt, dass es bei der Vorbeugung und Unterdrückung von Krankheiten bei Menschen, Tieren und Pflanzen ähnliche Wirkungen wie das »Götterwasser« auf der Erdoberfläche zeigt.

Diese regenerativen Wirkungen stehen in völligem

Gegensatz zum allgemein akzeptierten Wissensstandard der modernen Naturwissenschaft, die von der Prämisse zunehmender Entropie ausgeht. Das Gesetz der Entropie, auch als zweiter Hauptsatz der Thermodynamik bezeichnet, formuliert die Tatsache, dass Energie von höherer Temperatur auf ein niedrigeres Niveau absinkt, je mehr sie verbraucht wird. Die dabei verlorene Energie wird unbrauchbar und lässt sich auch nicht mehr zurückgewinnen. Folglich führen Hochtemperaturen letztlich zu Energieformen, deren Wiedernutzung unmöglich ist, und am Ende zu »Hitzeverschmutzung«.

Wenn man am Beispiel der Materie über dieses Gesetz nachdenkt, so gilt für jede Form von Materie, dass sie Energie verliert und degeneriert, einen Auflösungsprozess durchläuft und Schadstoffe abgibt. Weil es unmöglich ist, diese Schadstoffe zu sammeln und wieder zu nutzen, führt das zuletzt dazu, dass Materie Verschmutzung zurücklässt und völlig zerfällt. Deshalb lautet die Kernfrage der Umweltproblematik: »Wie lässt sich die Zunahme der Entropie verhindern?«

Anders gesehen ist Entropie eine Art Oxidationsphänomen und lässt sich als Indikator für die Zunahme freier Radikale verstehen. Die regenerativen Wirkungen von »Götterwasser« oder Meerwasser aus tieferen Schichten, in denen zum Beispiel Eisen nicht rostet, sind letzten Endes eine Art von Antioxidationsphänomen. Bei Oxidation-Reduktion und Oxidation-

Antioxidation gibt es im Prinzip ähnliche Aspekte, doch unterscheiden sie sich grundsätzlich darin, dass bei Redox-Reaktionen ein Elektronenaustausch stattfindet, während bei Oxidation-Antioxidations-Reaktionen kein Elektronenaustausch geschieht, sondern der Energieaustausch die zentrale Rolle spielt.

Folglich unterscheiden sich solche Reaktionen von gewöhnlichen chemischen Reaktionen mit Elektronenaustausch, denn dabei stehen katalytische Effekte im Zentrum, und es geht im Kern um den Energiestoffwechsel in lebenden Organismen. Ergo sollten wir uns bewusst machen, dass Oxidation-Antioxidations-Reaktionen für das Verständnis des Stoffwechsels und damit für die menschliche Gesundheit wichtiger als Redox-Reaktionen sind. Der gegenwärtige Boom der Antioxidanzien lässt sich in diesem Zusammenhang verstehen.

Katalyse wird im Allgemeinen so verstanden, dass dabei durch Energieaustausch chemische Reaktionen unterstützt werden, aber es muss von Fall zu Fall untersucht werden, um welches Energieniveau es dabei geht. So soll Titanoxid, das in jüngster Zeit als Photokatalysator vielfältige Verwendung findet, Energien besitzen, denen Temperaturen von mehreren zehntausend Grad entsprechen. Wenn man die Tatsache bedenkt, dass bei 1200 Grad ein Elektronenaustausch stattfindet und sich die physikalisch-chemische Natur von Substanzen völlig verändert, handelt es sich bei einem Energietransfer von mehreren zehntausend

Grad um etwas, was die allgemeine Theorie der chemischen Reaktionen weit überschreitet.

Der französische Naturwissenschaftler Louis Kervran hat in den sechziger Jahren des 20. Jahrhunderts nachgewiesen, dass im Organismus von Hühnern eine »biologische Transmutation« von Kalium zu Kalzium stattfindet. Im Anschluss daran hat der japanische Nobelpreiskandidat, der Landwirtschaftsprofessor Hisatoki Komaki, in den siebziger Jahren solche Elementumwandlungen durch Fermentmikroben verifiziert. In jüngster Zeit erreichten Mikroanalysetechniken wie die Ionenpaar-Chromatographie (IPC) ein so hohes Niveau, dass solche »Transmutationen« auch bei Mikroorganismen nachgewiesen werden konnten.

Dieses Phänomen wird von der modernen Naturwissenschaft noch nicht anerkannt, obwohl es zahlreiche Belege dafür gibt. Besonders die Ergebnisse der EM-Anwendung in den radioaktiv verseuchten Gebieten der Ukraine, dem Ort der Katastrophe von Tschernobyl, haben gezeigt, dass in Feldfrüchten nicht nur Cäsium und Strontium in großem Maße absorbiert und reduziert werden, sondern auch die radioaktive Strahlung um 15 Prozent abnimmt.

Wenn man ferner Substanzen einer Plasmaemission von mehreren zehntausend Grad aussetzt, so hat man festgestellt, ändern sich ihre physikalischen Eigenschaften, und ihre Funktionalität verbessert sich. Geht man von der Auffassung aus, dass alle Materie Energie ist, dann bedeutet dies, dass dadurch die Schlussfolgerungen aus der Transmutation von Elementen, aus der Reduzierung der radioaktiven Strahlung und aus derartigen Phänomenen bestätigt werden.

Wenn man außerdem den Bereich des »Wunderbaren« sorgfältig untersucht, so kommt es sowohl im menschlichen Denken als auch auf allen möglichen Gebieten zu regenerativen Vorgängen, die der Entropie widersprechen.

Diese Phänomene habe ich als »Syntropie« bezeichnet. Ich denke, dass die Welt der Syntropie eine Welt der Katalyse ist, durch welche die außerhalb der »normalen« Energiequellen existierende, grenzenlose Entropie absorbiert, in Energie und Materie umgewandelt und zu erhöhter Funktionalität gebracht wird. Das ist das Ergebnis oxidativer (Entropie) und antioxidativer Reaktionen (Syntropie), die den enzymatischen Reaktionen im Organismus ähneln.

Zu den Grundlagen der modernen Naturwissenschaft gehört das Gesetz von der Zunahme der Entropie, welches unter anderem besagt, dass bei der Nutzung materieller Energie Verschmutzung entsteht. Dabei handelt es sich um eine Einbahnstraße des Rohstoffverbrauchs und der zunehmenden Umweltverschmutzung. Die Erforschung regenerativer Kräfte, durch die Verschmutzung (Entropie) in Energie, in Materie und Ressourcen umgewandelt wird, hinkt dieser Entwicklung weit hinterher.

Syntropie – regenerative Kraft – ist der Ausgangspunkt für die Evolution auf der Erde. Doch zusammen mit der Zunahme des Sauerstoffanteils gingen diese Kräfte auf der Erdoberfläche allmählich verloren, und der Wirkungsbereich der Syntropie wurde auf diejenigen Zonen beschränkt, die mit Sauerstoff nicht in Berührung kommen. Das erklärt letztlich jene wunderbaren Phänomene im Tiefenwasser des Ozeans und der Erde.

Wie dem auch sei, diese katalytischen Energien übersteigen unsere Vorstellung, doch es bleibt die Frage, woher sie kommen. Meiner Meinung nach dürften diese Energien in der kosmischen Strahlung und im »Dauerbeschuss« mit kosmischen Elementarteilchen wie Neutrinos, denen die Erde permanent aus dem All ausgesetzt ist, ihren Ursprung haben.

Der hohe Druck in den tieferen Schichten der Erde erzeugt ferner hohe Temperaturen, und so ist die Erde zu einem Körper geworden, der Energie und Wärme ausstrahlt. Es wird behauptet, dass dieser Zustand mithilfe von Gravitationswellen stabilisiert wird. Nach der Erklärung von Professor Hideo Seki von der Universität Hawaii verfügen Gravitationswellen als Längswellen über Substanz bildende Funktionen. Ferner hat er entdeckt, dass solche Kräfte natürlich auch in funktionaler Keramik und in Gärungsmikroben wirksam sind.

Wenn man den Ursprung der Regeneration auf der

Erde in dieser Weise betrachtet, so gilt als einfaches Maß, dass hierzu geeignetes Meerwasser aus Schichten von über 200 Metern Tiefe stammt und eine Temperatur von unter 5 Grad Celsius hat. Es bedeutet auch, dass die regenerativen Funktionen umso stärker werden, je größer die Tiefe ist. Bei den jüngsten Forschungen hat man nachgewiesen, dass in einem Bereich von 1000 bis 2000 Metern unter der Erde noch alle Mikrobenarten aktiv sind und sogar im Inneren von Felsgestein zahllose Mikroorganismen vorkommen. So könnte Erdöl in den tieferen Schichten deshalb entstanden sein, weil diese Mikroben das in den tiefen Schichten des Ozeans und der Erde in großen Mengen vorkommende Methan (Methanhydrid usw.) »verdaut« haben. Diese neue Theorie erscheint plausibler als die bisherige Erklärung, welche die Erdölbildung auf die Zersetzung von organischen Substanzen zurückführt.

Man hat entdeckt, dass der Lebensbereich von Mikroben im Ozean den ganzen Meeresboden umfasst, sogar in über 10 000 Metern Tiefe. Außerdem hat man in vulkanischen Schichten auf dem Meeresboden in 2500 bis 3000 Metern Tiefe zahlreiche Mikroorganismen gefunden. Dort herrschen mit 250 bis 300 Atmosphären Druck und Temperaturen von 250 bis 300 Grad ähnliche Bedingungen wie beim »überkritischen Wasser«.

Urbakterien

Um die Besonderheiten des Meerwassers aus tiefen Schichten zu erklären, habe ich einfach alles aufgezählt, was mir dazu eingefallen ist. Die wunderbaren Eigenschaften des Tiefenwassers hängen vor allem damit zusammen, dass es aus über 200 Metern Tiefe stammt, wo wie gesagt Wassertemperaturen von unter 5 Grad und totale Finsternis herrschen, es keine mikrobiellen Verunreinigungen gibt und die Ernährungsbedingungen ausgezeichnet sind. Mit unserem bisherigen Wissen sind diese Erscheinungen unmöglich zu erklären.

Besonders beachtenswert ist in diesem Zusammenhang die Aktivität derjenigen Mikroorganismen, die in Tiefen von 1000 bis 2000 Metern unter der Erde oder in über 10000 Metern in der Tiefsee vorkommen. Man ist der Auffassung, dass es im Tiefenwasser fast keine mikrobiellen Verunreinigungen gibt. Weil diese Vorstellung eine willkürliche menschliche Hypothese ist, besagt sie einfach, dass dort keine Dickdarmbakterien, Salmonellen oder andere für Menschen und höhere Lebewesen schädlichen Mikroorganismen existieren.

Anders gesagt gleicht das der Auffassung, dass alle Mikroorganismen sterben, wenn man sie auf über 100 Grad erhitzt. Schädliche Mikroorganismen enthalten alle ausnahmslos starke oxidative Enzyme. Diese starken oxidativen Enzyme erzeugen freie Radikale und zersetzen Organismen und organische Substanzen durch Oxidation, um Energie zu gewinnen.

Ferner haben freie Radikale die Eigenschaft, umso aktiver zu werden, je höher die Temperatur steigt. Deshalb aktivieren schädliche Mikroorganismen, die starke oxidative Enzyme besitzen, bei Temperaturen über 60 Grad die eigenen Enzyme und sterben schließlich auf einen Schlag. Im Allgemeinen geht man davon aus, dass die Grenze dafür bei 100 Grad liegt, aber wenn die Mikroorganismen in Form von Sporen mit einer starken Schutzmembran vorkommen, überleben sie selbst bei solchen Temperaturen.

Weil man angeblich alle Bakterien abtöten kann, indem man sie im Autoklav einem Überdruck von 0,2 bis 0,5 Atmosphären und einer Temperatur von 125 Grad aussetzt, wird dies als perfekte Sterilisationsmethode bezeichnet. Mikroben wie die Photosynthesebakterien, die in EM eine zentrale Rolle spielen, gehen jedoch selbst bei Temperaturen von 125 bis 200 Grad nicht zugrunde. Wenn man diese Mikroben unter Ton mischt, das Gemisch eine bestimmte Zeit lang »reifen« lässt und dann bei 800 bis 1200 Grad zu Keramik brennt, gehen ihre Lebensinformationen nicht verloren. Legt man diese Keramik unter anaeroben Bedingungen in Nährstoffquellen wie Zucker, Aminosäuren oder Kohlenwasserstoffe, setzt sie Temperaturen von über 60 Grad aus und bestrahlt sie mit starkem Licht, kommen wieder Photosynthesebakterien zum Vorschein. Noch besser funktioniert das, wenn man diese Mikroben extremen Energieformen wie UV-, Röntgen- oder Gammastrahlen aussetzt.

Die experimentelle Überprüfung dieser Phänomene hat mich fünf Jahre lang beschäftigt. Aber als ich die Ergebnisse bei bakteriologischen Kongressen vorstellte, war die Reaktion allgemeine Ungläubigkeit. Da meine Testmethoden doppelt abgesichert sind, ist es eine Frage der Zeit, bis diese Erkenntnisse anerkannt werden. Ein anaerober Zustand bei Temperaturen von 60 Grad entspricht nach unserem bisherigen Wissensstand der Sterilisationsmethode von Robert Koch.

Für das von Robert Koch, dem Vater der modernen Bakteriologie, entwickelte Verfahren gilt grundsätzlich, dass man alle schädlichen Keime abtöten kann, wenn man sie eine Stunde lang Temperaturen von 60 Grad aussetzt. Diese moderne Methode wird immer noch benutzt, um Lebensmittel zu sterilisieren.

Die unglaublichen Kräfte der Photosynthesebakterien gehen jedoch darüber hinaus. Wenn man normale Bakterien ultravioletter Strahlung aussetzt, werden sie in ungefähr 30 Sekunden vernichtet. Doch für Photosynthesebakterien ist UV-Strahlung eine Kraft, die sie als Energiequelle nutzen können. Und nicht nur das, sie verfügen sogar über die Fähigkeit, Röntgen- und Gammastrahlen auszunutzen, die eigentlich noch viel stärkere bakterizide Wirkungen haben. Wie bereits festgestellt wurde, lassen sich die unglaublichen Wirkungen von EM im Katastrophengebiet von Tschernobyl so erklären.

Wenn gewöhnlich von Mikroben die Rede ist, denken wir einfach, dass sie davon leben, organische Substanzen zu zersetzen und als Nahrung zu benutzen. Folglich zieht man daraus den Schluss, dass Mikroben dort nicht leben können, wo es keine organischen Substanzen gibt und der zur Zersetzung benötigte Sauerstoff fehlt. Aber Photosynthesebakterien und ähnlichen Mikrobenarten gelang es, in der Urzeit der Erde durch Photosynthese organische Substanzen in großen Mengen herzustellen. Sie bilden eine Gruppe, die sich an ein Milieu mit zunehmendem Sauerstoffgehalt angepasst hat, und sind auf diejenigen Mikrobenarten begrenzt, die auch unter den Umweltbedingungen, in denen der Mensch lebt, die Hauptrolle spielen.

Mikrobenarten, die wie Photosynthesebakterien unter anaeroben Bedingungen in einem Milieu von Schwefelwasserstoff, Ammoniak und Kohlenwasserstoffen existieren, natürliche Hitze, Licht und Druck nutzen und Eiweißstoffe oder Kohlenhydrate synthetisieren können, gibt es in großer Zahl. Die als »Somatite« bezeichneten zelleigenen Proteinbestandteile im Blutplasma haben ähnliche Eigenschaften wie die Photosynthesebakterien.

Derartige Mikroorganismen werden gewöhnlich als »Urbakterien« bezeichnet. Sie wurden an Orten entdeckt, an denen extreme Bedingungen herrschen, wie in der Tiefsee, im Inneren von Felsgestein, in kochenden Quellen oder an Stellen mit viel Schwefel- oder Salzsäure. Deshalb nennt man sie manchmal auch »Extrembakterien«.

Natürlich lassen sie sich mit den bisherigen nährstoffabhängigen Kultivierungsmethoden für Mikroben nicht nachweisen. In dieser Gruppe gibt es Arten, die nur wachsen können, wenn Temperaturen von über 90 bis 100 Grad herrschen, keinerlei organische Substanzen vorhanden sind und das Wasser nicht sauber ist. Derartige Mikrobenarten haben die Fähigkeit, Licht und Wärme katalytisch zu nutzen, um Minerale in Chelatverbindungen zu überführen und organische Substanzen zu synthetisieren. Außerdem haben sie die Fähigkeit, freie Radikale, die durch Stoffe mit starkem Säure- oder Alkaligehalt wie Schwefel- und Salzsäure oder Kaseinsoda freigesetzt werden, als Energiequelle zu nutzen. So lassen sich auch die erstaunlichen und rätselhaften Kräfte des Tiefenwassers erklären.

Unterschiedliche Eigenschaften von Tiefen- und Oberflächenwasser

Wie bereits festgestellt wurde, wimmelt es im nährstoffreichen Meerwasser von Mikroorganismen. Die Verhältnisse in Tiefen- und Oberflächenwasser sind jedoch grundsätzlich verschieden. An der Oberfläche nimmt das von Wind und Wellen gut durchmischte Meerwasser aus der Luft ziemlich viel Sauerstoff auf. Deshalb befindet es sich im Unterschied zum Tiefenwasser in einem stark oxidierten Zustand, in dem die Mineralien, die im Meerwasser enthalten sind, starke freie Radikale erzeugen. Das Redoxpotenzial in Oberflächenwasser ist ziemlich hoch. Es besitzt stark oxidative Wirkungen, die dazu führen, dass darin nicht nur Eisen schnell rostet, sondern auch alle anderen Materialien degenerieren.

Weil ferner Licht durch das Oberflächenwasser dringt, existieren dort zahlreiche Mikrobenarten, die verschiedene Algen und Sonnenlicht ausnutzen. Wenn sich unter derartigen Bedingungen organische und anorganische Substanzen vermischen, entwickeln sich nicht nur Fäulnisbakterien in großer Zahl, sondern es werden auch viele schädliche chemische Substanzen aktiv. In solchem Meerwasser existieren schädliche Mikroorganismen, die gegen freie Radikale resistent sind.

In Meerwasser befinden sich je nach dem elektrolytischen Zustand Spuren von Salz- und Schwefelsäure, welche die Eigenschaft haben, aktiven Sauerstoff und freie Radikale zu bilden. Wenn man diese aggressiven Substanzen eliminiert, kommt es kaum noch zur Bildung von freien Radikalen. Nicht verunreinigtes, gewöhnliches Meerwasser besitzt durch seinen Gehalt an freien Radikalen ziemlich starke bakterizide Kräfte, die mit dem osmotischen Druck des Salzanteils zusammenwirken. Es braucht kaum erwähnt zu werden, dass Salz, in ausreichender Menge benutzt, ein wirksames Mittel ist, um Nahrungsmittel vor dem Verderb zu schützen.

Deshalb trifft die Meinung, dass Meerwasser schädlich ist, für den Fall zu, dass es in einer Form vorliegt, in der sich oxidative Verunreinigungen konzentriert haben, die zu einer starken Entwicklung freier Radikale führen. Die traditionelle Methode der Salzherstellung (in Japan), bei der Salz über lange Zeit durch Erhitzen oder an der Sonne getrocknet wird und überflüssige Bestandteile entfernt werden, ist ein Verfahren, bei dem folglich die im Meerwasser enthaltenen freien Radikale und schädlichen Substanzen eliminiert werden.

Wie gesagt liegen beim Meerwasser aus tieferen Schichten die Minerale in reduzierender Form vor. Deshalb besitzt es im Gegensatz zu Oberflächenwasser die Kraft, freie Radikale zu unterdrücken. Außerdem sind die darin vorkommenden Mikroorganismen zum großen Teil Artgenossen von EM mit antioxidativen Wirkungen.

Vergleichstabelle von ozeanischem Tiefenwasser und Oberflächenwasser

Eigenschaft (Einheit)	Tiefenwasser	Oberflächenwasser
Wassertiefe (m)	320	0
Temperatur (° C)	8,1–9,8	16,1–24,9
pH-Wert	7,8–7,9	8,1–8,3
Salzgehalt (Promille)	34,3–34,4	33,7–34,8
Sauerstoff (gelöst) (ppm)	4,13–4,8	6,4–9,5
Stickstoff (NO_3^-) (µmol)	12,1–26,0	0,0–5,4
Phosphor (PO_4^-) (µmol)	1,1–2,0	0,0–0,5
Silizium (SiO_2^-) (µmol)	3,9–56,8	1,6–10,1
Chlorophyll (mg/m³)	Spuren	4,2–50,6
Keimzahl (cfu*)	10²	10³–10⁴

* cfu = colony forming units (»koloniebildende Einheiten«)

Quelle: Muroto Deep Sea Water – Aqua Farm, Kôchi Prefecture, Japan

Über die Tiefen des Ozeans sind seit alter Zeit geheimnisvolle Geschichten überliefert. So sollen zum

Beispiel Schiffe, die auf den Meeresgrund herabgesunken sind, nicht rosten und für alle Zeiten gut erhalten bleiben. Falls es dann bei irgendeiner Gelegenheit zu einer »Wiedergeburt« komme, sollen auch die Menschen, die zusammen mit einem Schiff untergegangen sind, wieder zum Leben erwachen ... Doch nachdem sie ihre Aufgabe erfüllt haben, bleibe nur ein völlig verrostetes Wrack zurück.

Diese mysteriösen Geschichten haben eine Analogie zum Meerwasser aus tiefen Schichten. Charakteristisch für Tiefenwasser ist ein sauerstofffreier Zustand mit hohem Druck, und weil die darin enthaltenen Salze in reduziertem Zustand vorliegen, werden die freien Radikale vollständig unterdrückt. Da dieser Zustand entsteht, auch wenn man die Rolle der Mikroorganismen überhaupt nicht berücksichtigt, zeigen sich diese Kräfte so lange, wie die Wirkungen des Tiefenwassers anhalten.

Wenn solches Meerwasser aus tiefen Schichten mit Luft und Licht in Berührung kommt, verliert es diese Wirkungen sehr schnell. Die allmächtige »Gottheit«, die das Rosten stoppt, den Zerfall von Substanzen verhindert und regenerativ auf Lebewesen wirkt, verwandelt sich wie im Märchen auf einen Schlag in einen Dämon, der alles dem oxidativen Zerfall unterwirft und zerstört.

Allgemein gesagt, entspricht das im Prinzip auch dem Phänomen, dass sich Medizin in Gift verwandeln und Gift wieder zu Medizin werden kann.

»Höhere Mittel«

Die Wirkung von Medikamenten unterscheidet sich in dreifacher Weise: durch Nutzung der oxidativen Kräfte, der reduzierenden Kräfte und der antioxidativen Wirkungen, die in letzter Zeit besondere Beachtung finden.

Wenn die oxidative Wirkung im Zentrum steht, geht es um die Nutzung der freien Radikale, die von diesem Heilmittel gebildet werden. Solche Mittel werden auf dem Gebiet der Krebsbekämpfung, der Desinfektion und der Sterilisation in großem Umfang eingesetzt. Wenn man sie überdosiert, treten schlimme Nebenwirkungen auf. Wegen ihrer destruktiven Konsequenzen kann man sagen, dass in diesem Fall Gift zum Heilmittel gemacht wird. Meerwasser von der Oberfläche des Ozeans besitzt derartige Eigenschaften.

Im Gegensatz dazu zeigen Medikamente, welche reduzierende Kräfte ausnutzen, gute Wirkungen bei chronischen Krankheiten. Sie werden unter anderem bei der Fiebersenkung, der Überproduktion von Magensäure und der Darmregulierung benutzt. Diese Mittel oxidieren bei längerer Aufbewahrung, wenn sie hauptsächlich aus anorganischen Substanzen bestehen, und dann kann es leicht dazu kommen, dass sie entgegengesetzte Wirkungen zeitigen. Dies ist der Fall, wenn Medikamente alt werden und wie Gift zu wirken beginnen. Meerwasser aus tiefen Schichten besitzt solche Eigenschaften.

Die in jüngster Zeit so populären antioxidativen Substanzen haben ähnliche Eigenschaften wie manche traditionelle ostasiatische Kräutermittel. Auch in diesem Fall unterscheiden sie sich grundsätzlich, je nachdem, ob sie katalytische Funktionen haben oder nicht. Mittel wie koreanischer Ginseng oder chinesischer Denshichi-Ginseng, die bei allen Beschwerden positiv wirken und absolut frei von Nebenwirkungen sind, werden in der Traditionellen Chinesischen Medizin (TCM) als *major tonic herbs* (japanisch *jô-yaku* = »höhere Mittel«) bezeichnet. In dieser Gruppe wirken die pharmakologisch wirksamen Inhaltsstoffe zusammen mit irgendeiner Art von katalytischer Funktion, die antioxidativ ist, und die Ergebnisse sind im Allgemeinen sehr stabil.

Im Gegensatz dazu wurden natürliche Arzneien, die verschiedene Nebenwirkungen haben und bei spezifischen Beschwerden wirken, in Ostasien als *minor tonic herbs* bezeichnet (japanisch *ge-yaku* = »niedere Mittel«). Auch bei der traditionellen Kräutermedizin kann es vorkommen, dass bestimmte Heilmittel, selbst wenn sie kurzfristig wirksam sind, unerwünschte Wirkungen zeigen, wenn sie zu lange und in zu großen Dosierungen genommen werden oder zu alt geworden sind. Weil die antioxidativen Substanzen, die mit den reduzierenden Kräften zusammenwirken, oxidieren und nicht in den ursprünglichen Zustand zurückkehren, entwickeln solche oxidativen Substanzen schädliche Wirkungen.

Das ist ähnlich wie bei Vitamin C, das in oxidierter Form freie Radikale in großen Mengen erzeugt und sogar kanzerogen wirken kann. Das Vitamin C in Früchten wie Zitrone, Papaya, Ananas, Guava und Camu-Camu (Myrciaria dubia, eine an Vitamin C extrem reiche Frucht aus dem Amazonasgebiet) besitzt dagegen autokatalytische Kräfte. Selbst wenn es in oxidative Form gebracht wird, kehrt es sofort wieder in die reduzierende Form zurück und zeigt somit die Eigenschaften von »höheren Mitteln«.

In jüngster Zeit ist die gleichzeitige Einnahme von Vitamin C und Vitamin E zu einer Art Mode geworden. Denn man hat entdeckt, dass diese beiden Vitamine jeweils gegenseitig katalytische und reduzierende Kräfte entwickeln und für stabile antioxidative Wirkungen sorgen. Substanzen wie Tannine im grünen Tee oder Polyphenole im Wein werden deshalb sogar in der Fernsehwerbung häufig als Antioxidanzien angepriesen. Doch selbst wenn ihre Wirkungen kurzfristig noch so stark sein mögen, enthalten sie zahlreiche Substanzen mit gegenteiligen Wirkungen, wenn sie oxidieren. Deshalb sollte man darauf achten, solche Mittel nach dem Öffnen innerhalb eines halben Tages zu verbrauchen, denn wenn man sie mehrere Tage liegen lässt, besteht die Gefahr, dass sie oxidieren und damit toxisch werden.

Wie gesagt sorgen die zahlreichen durch EM erzeugten antioxidativen Substanzen mithilfe von Mineralen in Chelatbindung und einer Art von magnetischer Resonanzschwingung (Gravitationswellen) für einen katalytisch stabilen Zustand. Deshalb kehren sie, auch wenn sie vorübergehend oxidiert werden, durch die Energie aus den katalytischen Vorgängen sofort in einen antioxidativen Zustand zurück. Weil sie solche Eigenschaften zeigen, werden ihnen Wirkungen zuerkannt, welche sogar die »höheren Heilmittel« übertreffen.

Das aus EM entwickelte EM-X zeigt bei allen Krankheiten deutlich positive Wirkungen. Zu seinen besonderen Eigenschaften gehört es, dass es die Funktionalität von Nahrungsmitteln, Kosmetika und Medikamenten erhöht und diese Wirkungen auch über längere Zeit hinweg aufrechterhält. Salz im Meerwasser hat auf der Ebene von Oxidation-Reduktion einen zwiespältigen Charakter, denn es kann sowohl zur »Gottheit« als auch zum »Dämon« werden. Es hat sich klar gezeigt, dass dieser Charakter durch Behandlung mit EM oder EM-X katalytisch und sogar »göttlich« werden kann. Auf dieser Grundlage haben wir begonnen, EM-Salz zu entwickeln.

EM-Salz und das Antioxidationsprogramm

Heute sind wir in einem Zeitalter angelangt, in dem man in allen Meeren im Oberflächenwasser Spuren von schädlichen chemischen Substanzen findet, ganz gleich, an welchem Ort man es schöpft. Die Ursachen der Verschmutzung sind natürlich vor allem die auf dem Land benutzten Agrarchemikalien, Desinfektionsmittel, Medikamente und die zahllosen Chemikalien, aber auch die radioaktive Strahlung darf man dabei nicht außer Acht lassen.

Selbst das Meerwasser aus tiefen Schichten des Ozeans kann dieser Verschmutzung nicht völlig entgehen. Während es in der Tiefe in reduzierender Form vorliegt, beginnen sich im Lauf der Zeit jene negativen Veränderungen zu zeigen, wenn es aus der Tiefe geschöpft wird und mit Sauerstoff in Berührung kommt.

In dieser Situation hat man mit verschiedenen Techniken versucht, mineralstoffreiches Salz herzustellen, aber es ist nicht einfach, die freien Radikale daraus zu entfernen. Bei der traditionellen Methode der Salzherstellung wird Meerwasser zuerst verdickt und eingekocht, dann von Verunreinigungen befreit und zuletzt an der Sonne getrocknet. So erhält man gutes Speisesalz. In diesem Fall werden durch Erhitzung Bakterien abgetötet und Schadstoffe verdampft oder aufgespalten; außerdem wird die Qualität des Salzes durch Reduktion und die Strahlung des Sonnenlichts erhöht. Auf diese Weise wird das Salz weitgehend von Schadstoffen befreit. Im Gegensatz dazu ist zu befürchten, dass in Meersalz, das durch einfaches Verdampfen hergestellt wird, chemische Verunreinigungen zurückbleiben.

Ferner gibt es – wie zum Beispiel beim »gebrannten

Salz« oder beim koreanischen »Bambussalz« – noch das Verfahren der Hitzebehandlung mit so hohen Temperaturen, dass die chemischen und physikalischen Eigenschaften verändert und stabilisiert werden. Erhitzt man Salz auf über 800 Grad, ist es möglich, Dioxin und andere chemische Schadstoffe aufzuspalten. Wenn lange genug erhitzt wird, verschwinden die oxidativen Substanzen aus dem Salz, und es erreicht einen extrem reduzierenden Zustand.

Auf dieser Stufe sinkt das Redoxpotenzial des Salzes ins Minus, und auch Eisen rostet nicht, falls es damit in Berührung kommt. Wenn man dieses Salz in Wasser löst und stehen lässt, verhält sich die Lösung zunächst wie Tiefenwasser, verwandelt sich im Lauf der Zeit aber in Oberflächenwasser.

Wie dem auch sei, wenn Salz Wasser anzieht, bilden sich auf jeden Fall freie Radikale. Benutzt man es aber, bevor es einen solchen Zustand erreicht, dann zeigt es Resultate, die den Wirkungen des Bambussalzes nahe kommen. Wenn man jedoch die Funktionalität von Salz weiter verbessern will, ist ein ganz neues Verfahren nötig, das sich von den bisherigen Methoden unterscheidet.

Auf der Grundlage der bisher geschilderten Erkenntnisse haben wir versucht, ein multifunktionales Salz herzustellen, dessen Eigenschaften denen des Tiefenwassers ähnlich sind. Dabei sind wir wie folgt vorgegangen: Meerwasser wird bei der Vollmondspringflut geschöpft, denn zu diesem Zeitpunkt vermischen sich die verschiedenen Schichten des Meerwassers am besten. Unter Zugabe von EM lässt man dieses Meerwasser eine Zeit lang reifen und entfernt dann den Wasseranteil. Durch dieses Verfahren wird erreicht, dass sich die Kristallisation beschleunigt und schädliche chemische Substanzen verschwinden. So entsteht ein mineralstoffreiches, wohlschmeckendes Salz.

Dagegen ist bei Meerwasser, das während des Neumonds geschöpft wird, die Kristallisation verlangsamt, und es bilden sich nur dünne Kristalle. Dieses Salz hat einen scharf salzigen Geschmack, und sein Mineralstoffgehalt kann etwas unausgewogen sein. Aus diesen Unterschieden kann man ersehen, dass sich die Eigenschaften von Meersalz ändern, je nach den Bedingungen, unter denen es geschöpft wird.

Unsere Salzproben ergaben ein Reduktionspotenzial von unter 50 Millivolt. Im Hinblick auf das Redoxpotenzial zeigt das eine Reduktionskraft, die etwas unter 50 Millivolt liegt, also unter dem neutralen Punkt. Wenn man Salz aus natürlichem Meerwasser herstellt, ist es nicht einfach, unter den neutralen Punkt der Reduktionskraft von 200 Millivolt zu kommen, selbst wenn man sich noch so viel Mühe gibt. Doch lässt man Meerwasser mit EM reifen, ist es möglich, ein Salz mit einem Redoxpotenzial von unter 50 Millivolt zu bekommen, um Substanzen wie Salz- und Schwefelsäure zu entfernen, die freie Radikale bilden und die Oxidation steigern.

Löst man dieses Salz in Wasser und legt man einen rostigen Nagel hinein, kann man beobachten, wie der Rost sich in winzige Partikel auflöst und sozusagen weggewaschen wird. Dadurch wird die Oberfläche des Nagels ganz glatt. Trocknet man diesen Nagel und besprüht ihn ab und zu mit Wasser, rostet er nicht mehr. Ein derartiges Phänomen unterscheidet sich von den üblichen Redoxreaktionen, denn die rostigen Teile werden hier alle aufgelöst und entfernt.

Darüber hinaus hat derartiges Salz die besondere Eigenschaft, auf stark alkalische Reaktionen neutralisierend zu wirken. Beim Verderb von Lebensmitteln hat es die Kraft, reduzierend wirkendes Ammoniak, das aus Eiweißstoffen und Zuckern freigesetzt wird, sowie Schwefelwasserstoff und Kohlenwasserstoffe zu entfernen.

Folglich unterscheidet sich EM-Salz grundsätzlich von den bisherigen Heilsalzen, denn es besitzt nicht nur Reduktionskraft, sondern auch antioxidative Wirkungen. Es hat sich gezeigt, dass das in einem solchen Verfahren gewonnene EM-Salz die Kraft hat, eine unnormale, einseitige Elektronenverteilung unabhängig von ihrer positiven oder negativen Ladung zu korrigieren. Im Hinblick auf die Homöostase des Organismus ist dies von großer Bedeutung.

Bei der Überprüfung seiner Eigenschaften konnten wir nachweisen, dass dank dieses speziellen Herstellungsverfahrens ein Salz entsteht, das für die menschliche Gesundheit ausgezeichnet wirkt. Dabei fällt vor allem ins Gewicht, dass das Meerwasser bei der Vollmondflut geschöpft wird und unter Einsatz der EM-Technologie einen längeren Konzentrations- und Reifungsprozess durchläuft, durch den der Mineralstoffgehalt deutlich erhöht wird. Aus diesen Gründen wird es zu einem Salz, das im Körper effektiv arbeiten kann. Wie bereits erwähnt sollte dieses Salz in der Art eines »höheren Heilmittels« angewendet werden und eine aktive Rolle bei der Bewahrung und Steigerung der menschlichen Gesundheit spielen. Deshalb bedarf es dazu einer Technik, mit der es in größeren Mengen, die den Bedürfnissen der Konsumenten entsprechen, produziert werden kann.

EM-Salz wird auch für kurze Zeit in einem Ofen mit hochfrequenter EM-Keramik gebrannt, um so alle Schadstoffe zu entfernen und ein multifunktionales Salz zu erhalten, das in verstärktem Maß antioxidative und reduzierende Kräfte sowie heilsame elektromagnetische Schwingungen (Gravitationswellen) besitzt. Deshalb ist es zu empfehlen, EM-Salz zusammen mit gewöhnlichem »gutem« Speisesalz zu benutzen, um die Mineralstoffzufuhr zu erhöhen und positive Schwingungen anzuregen.

Bekanntlich besitzen Gravitationswellen fundamentale regenerative Eigenschaften. Deshalb hat ein solches Salz über die normale Funktionalität von Salz hinaus die Kraft, alle Substanzen, die mit jenen besonderen Schwingungen in Berührung kommen, in eine regenerative Richtung zu lenken.

Auch wenn man EM-Salz nur in kleinen Mengen benutzt, wird das Essen schmackhafter, und die Wasserqualität wird verbessert. Diese Wirkungen hängen mit jenen regenerativen Schwingungen zusammen. Weil diese Kräfte außerdem stabilisierend wirken, zeigt EM-Salz so gute Effekte bei der Frischhaltung von Lebensmitteln, als Mittel gegen schädliche Parasiten und zur Wachstumsförderung in der Landwirtschaft, bei der Beseitigung von Schadstoffen oder chemischen Rückständen und der Qualitätssteigerung in der Nahrungsmittelverarbeitung. Außerdem lässt es sich auch als Ersatz für Waschmittel, Shampoo oder Seife benutzen.

Meine Erfahrungen mit EM-Salz

Ich ging von folgender Hypothese aus: Wenn man EM-Salz als Speisesalz benutzt und täglich bewusst 1 bis 3 Gramm, bei schlechtem Befinden 5 bis 10 Gramm, zu sich nimmt, verschwinden die Schäden durch freie Radikale und aktiven Sauerstoff in Lebensmitteln, die durch Chemikalien, Antibiotika und andere Schadstoffe belastet sind. Weil sich außerdem die Funktionen der Gene normalisieren, wird man sagen können, dass EM-Salz gesundheitlich wirksam ist.

Um dies am eigenen Leib zu überprüfen, habe ich

im Jahr 2001 zunächst begonnen, täglich 3 Gramm EM-Salz einzunehmen. Dadurch verbesserte sich mein Befinden deutlich, mein Kopf wurde klarer, und die Nachwirkungen von Pestiziden und Chemikalien verschwanden ziemlich schnell. So erreichte ich eine ausgezeichnete Verfassung wie noch nie in meinem Leben.

Weil ich deshalb noch mehr Arbeit in mein chronisch übervolles Pensum stopfte, meldeten sich die Anzeichen einer leichten Erkältung. Das war Anfang 2002, und ich begann zu überlegen, ob ich denn genug Salz zu mir nehmen würde. Im Januar musste ich zu einem internationalen EM-Kongress nach Neuseeland und zu einer Fachmesse in Japan fliegen; im Februar kam die Zeit, wo ich die Examensarbeiten zu korrigieren hatte, und ich war noch härter belastet als in früheren Jahren. Außerdem häuften sich die Einladungen gegen Ende des japanischen Geschäftsjahrs in einem Maße, dass ich beinahe zusammengebrochen wäre.

Weil ich in dieser Situation zusätzlich noch einmal in der Woche von Okinawa zu den japanischen Hauptinseln fliegen musste und die Temperaturunterschiede zum Teil extrem waren, holte ich mir schließlich eine leichte Erkältung. Wenn dann in normalen Jahren die Zeit kommt, in der ich mich von der Arbeit etwas ausruhen kann, bekomme ich gewöhnlich eine Erkältung, mit der ich dann monatelang zu kämpfen habe. Weil ich als vorbeugende Maßnahme die tägliche Zufuhr von EM-X auf 50 Milliliter erhöht und dazu noch 10 Milliliter EM-1 getrunken habe, hat meine Erkältung in den letzten Jahren nie lange gedauert, doch obwohl ich in diesem Jahr die Menge an EM-X auf über 100 Milliliter gesteigert habe, konnte ich diesmal die Erkältung nicht verhindern.

Ich fühlte mich schlaff und fiebrig und befürchtete eine länger andauernde Erkältung, wenn das so weiterginge. Eines Abends sollte ich einen Vortrag bei einem Ausbildungsseminar halten. Da kam ich plötzlich auf die Idee, ordentlich EM-Salz zu nehmen. Zusammen mit 30 Milliliter EM-X gab ich 3 Gramm EM-Salz in Apfelsaft und trank das Ganze. Darauf spürte ich nicht das übliche Sodbrennen durch Salz, und schon nach fünf Minuten fühlte ich mich wieder leichter, und der Schnupfen hörte auf.

Bei der anschließenden Party trank ich zuerst Bier und dann sogar Awamori (Reisschnaps aus Okinawa). Eigentlich bin ich so veranlagt, dass ich bei einer Erkältung keinen Alkohol vertrage, und wenn ich doch welchen trinke, dann wird meine Erkältung nur noch schlimmer und hartnäckiger. Doch an jenem Abend war mir der Schnaps nicht zuwider, und als ich in angeheitertem Zustand nach Hause zurückkehrte, war meine Erkältung völlig verschwunden. Vom nächsten Tag an erhöhte ich die tägliche Dosis EM-Salz auf über 5 Gramm, und wenn ich mich überarbeitet und erschöpft fühlte, nahm ich ungefähr 10 Gramm.

EM-Salz wirkte gut und schnell, und selbst ein wirklich hartes Arbeitspensum konnte ich damit relativ problemlos bewältigen. 5 bis 10 Gramm ist zwar leicht gesagt, aber es ist nicht so einfach, diese Menge an Salz an einem Tag einzunehmen. Wegen des starken Salzgeschmacks spülte ich das Salz mit Saft und 10 bis 30 Milliliter EM-X hinunter, streute es reichlich auf Obst und über das Essen, denn sonst hätte ich kaum über 5 Gramm am Tag geschafft. Trotzdem habe ich mich bemüht, immer noch ein Gramm Salz mehr zu nehmen.

Spätere Untersuchungen haben ergeben, dass EM-Salz eine extrem starke Schwingungsaktivität hat und die Immunkraft deutlich stärkt. Das wurde auch durch kinesiologische Tests eindrücklich bestätigt. Zu Erkältungen kommt es im Allgemeinen, wenn das Immunsystem geschwächt ist; sie verschwinden, wenn die eigene Immunkraft gestärkt wird. Folglich unterdrücken die gewöhnlichen Erkältungsmittel lediglich die Symptome, aber sie können die Ursachen der Erkältung nicht beseitigen.

Erkältung gilt als »Ursache von zehntausend Krankheiten«. Das bedeutet, dass die Schwächung der Immunabwehr zu allen möglichen Krankheiten führt. Folglich kann man sagen, dass eine Erkältung ein sicheres Signal für einen Gesundheitscheck ist. Während ich mir derartige Gedanken machte, kam ich zu der Überzeugung, dass ich deshalb in so kurzer Zeit von meiner Erkältung genas, weil das Immunsystem durch die Einnahme von EM-Salz so rapide wiederhergestellt wurde.

Darauf wurde die Sache erfreulicher. Ich trug immer EM-Salz in einer Filmdose mit mir herum, und wenn ich erkälteten Leuten begegnete, erzählte ich ihnen von meinen Erfahrungen und empfahl ihnen, auf einmal 2 Gramm und täglich 5 bis 6 Gramm EM-Salz zu nehmen. Die Wirkungen traten sehr schnell ein, denn fast allen ging es am nächsten Tag oder in wenigen Tagen wieder gut. Es heißt, dass der Entdecker eines spezifisch wirksamen Mittels gegen Erkältungen eigentlich den Nobelpreis bekommen sollte, mit EM-Salz könnte das gelingen …

Nachdem EM-Salz in den Handel gekommen war, habe ich immer wieder gehört, dass es zusammen mit EM-X besonders gut wirkt. So gibt es zahlreiche Beispiele dafür, dass körperliche Müdigkeit, ein taubes Gefühl in Armen und Beinen oder Gelenkschmerzen verschwinden, die Werte bei Anämie oder Bluthochdruck sich wieder normalisieren und Diabetes oder Nierenbeschwerden sich bessern. Außerdem wird das Blut wieder sauber und leichtflüssig, wenn man EM-Salz zu sich nimmt, und die verschiedenen Laborwerte, die sich durch EM-X schon gebessert haben, werden durch die gemeinsame Anwendung von EM-X und EM-Salz noch erfreulicher.

Wie viel EM-Salz soll man nehmen?

Von April 2002 an haben wir begonnen, Proben von EM-Salz an interessierte Ärzte der japanischen »Forschungsgruppe für EM-X-Medizin« zu verteilen. Dabei ergab sich, dass EM-Salz zahlreiche Wirkungen zeigte, die im Rahmen der Erwartungen lagen, doch gab es natürlich auch Fälle, bei denen nicht genau festgestellt werden konnte, ob das auf EM-X oder EM-Salz zurückzuführen war.

Bei der »EM-Medizin-Konferenz« auf Okinawa im November 2002 wurde zum ersten Mal in Fachkreisen über EM-Salz diskutiert. Nach allgemeiner Auffassung steht Salz ja in dem Ruf, schlecht für den Körper zu sein, und in der ganzen Welt hat sich wie gesagt die irrige Meinung durchgesetzt, dass man die Salzaufnahme reduzieren müsse. Unter diesen Umständen ist es nicht einfach, den Patienten zu empfehlen, genügend Salz zu verzehren. Denn weil die Mehrzahl der Patienten Salzrestriktion betreibt, liegt die Grenze trotz ärztlicher Empfehlung bei täglich 1 bis 3 Gramm Salz – mehr wollen sie einfach nicht zu sich nehmen!

Da ich mir dieses Problem immer wieder anhören musste, beschloss ich, ab März 2002 im Selbstversuch zu testen, bis zu welcher Menge ich die tägliche EM-Salz-Aufnahme steigern könnte. Anfangs setzte ich mir 10 Gramm als Ziel. Gleichzeitig bemühte ich mich, bewusst mehr Obst zu essen und mehr Wasser zu trinken. Darauf verbesserte sich die Diurese, und ich musste große Mengen von dunklem, stark riechendem Urin ausscheiden, mit dem die Verunreinigungen des Körpers völlig herausgespült wurden. Das führte dazu, dass täglich immer mehr Schmutz aus dem Organismus entfernt wurde und ich mich immer frischer fühlte.

Bis Juni 2002 musste ich einmal im Monat dienstlich ins Ausland fliegen und von Juli an sogar zweimal; und dieses Manuskript schreibe ich gerade in einem Hotel in Lahore in Pakistan. Von der zweiten Julihälfte an steigerte ich die tägliche Zufuhr an Tagen mit viel EM-Salz auf 20 Gramm, an Tagen mit wenig EM-Salz auf über 10 Gramm. Wenn ich besonders viel Arbeit hatte, trank ich dazu noch 50 bis 100 Milliliter EM-X. Nachdem ich das bis heute über ein halbes Jahr lang durchgehalten habe, kann ich feststellen, dass mein körperliches Befinden die ganze Zeit über so gut wie bisher noch nie geblieben ist und mein Kopf ganz klar wurde.

Vor allem meine Körperkräfte, die im Alter von über 55 Jahren abzunehmen begonnen hatten, erreichten wieder ein Niveau wie in jungen Jahren, der »Rost« in allen Gelenken verschwand, und sie funktionierten wie früher reibungslos. Dass ich lange Treppen wieder mühelos hinauf- oder hinabsteigen konnte, war bestimmt ebenfalls den Wirkungen des EM-Salzes zu verdanken.

Über meine Erfahrungen habe ich vielen Leuten berichtet und sie dazu gebracht, solange es keine Probleme damit gibt, möglichst viel EM-Salz zu nehmen. Darunter waren auch Personen, denen man gesagt hatte, sie dürften auf keinen Fall etwas Salziges essen, und die fast zwanzig Jahre Salzrestriktion betrieben hatten. Diese Menschen begannen mit 1 Gramm EM-Salz pro Tag, steigerten die Menge jede Woche um 1 Gramm und nehmen jetzt täglich 3 bis 5 Gramm. Bei vielen verbesserte sich das Allgemeinbefinden, und alle Laborwerte zeigten positive Tendenzen. Folglich ist EM-Salz in jüngster Zeit bei allen EM-Veranstaltungen zu einem beliebten Thema geworden.

Trotzdem meinen immer noch ziemlich viele Leute, es sei genauso schlimm, zu viel Salz zu sich zu nehmen, wie Gift zu trinken. Natürlich ist das Argument vernünftig, es sei besser, die Salzzufuhr zu beschränken, weil der größte Teil des bisher benutzten Speisesalzes giftähnliche Wirkungen hat, wenn man zu viel davon nimmt. In Japan heißt es zwar, Seebrasse bleibt Seebrasse, auch wenn sie verdorben ist, doch müsste eigentlich jeder wissen, was passiert, wenn man eine verdorbene Seebrasse isst. Auch beim Salz gibt es verdorbenes, das heißt schädliches Salz. Man muss es immer wieder sagen: *Gewöhnliches Kochsalz* gehört zu dieser Kategorie, und deshalb ist es notwendig, sich klar zu machen, dass *solches* Salz aggressive oxidative Substanzen freisetzt.

Man schafft es, größere Mengen EM-Salz zu nehmen,

ohne den Magen zu belasten, indem man Folgendes beachtet:

- zusätzlich EM-Salz auf Obst streuen und essen,
- in der Küche EM-Salz als Speisesalz benutzen.
- Wenn Sie Wasser trinken wollen, am Anfang 0,5 bis 1 Gramm EM-Salz hinunterspülen.
- Zusammen mit etwas Orangen- oder Apfelsaft 1 bis 2 Gramm EM-Salz zu sich nehmen.

Mithilfe dieser Tricks sollte es möglich sein, täglich über 10 Gramm EM-Salz zu sich nehmen.

Die passende Menge EM-Salz bestimmen Sie folgendermaßen: Anfangs können Sie dreimal täglich 1 Gramm EM-Salz nehmen; auf leeren Magen wirkt das besser. Wenn sich dadurch Ihr Befinden nicht bessert, sollten Sie die Menge auf 5 bis 10 Gramm steigern, indem Sie mehr EM-Salz ins Essen geben und auch nach dem Essen noch Salz nehmen. Im Rahmen einer Diät oder bei extremer Arbeitsbelastung können meiner Meinung nach 15 bis 20 Gramm genommen werden. Wenn Sie die Menge erhöht haben, sich aber schlecht fühlen, ist es wichtig, die Menge auf die Hälfte zu reduzieren und die für Sie richtige Ration zu finden, die für Sie am besten passt. EM-Salz wirkt umso besser, wenn Sie auf 1 Gramm EM-Salz zusätzlich 5 bis 10 Milliliter EM-X trinken.

Teil VI:
EM-Salz in der Praxis

1.
EM-Salz herstellen

Das Herstellungsverfahren

EM-Salz, das jüngste Produkt der EM-Technologie, wird ausschließlich von der Firma Tropical Plant Resources Research Institute (TPR) in Gushikawa auf Okinawa erzeugt. Das Herstellungsverfahren für EM-Salz wurde nach den theoretischen Vorgaben von Professor Higa in den Jahren 2000 und 2001 von Sakae Ashitomi, einem führenden Mitarbeiter der EM Research Organization (EMRO), entwickelt und zur Produktionsreife gebracht. Die Erzeugung dieses für unsere Gesundheit so kostbaren Produkts durchläuft die folgenden Schritte:

1. Das dafür verwendete Meerwasser wird bei der kleinen Insel Ikeijima vor der Nordostküste von

Okinawa während der Vollmondspringflut aus dem Pazifik gepumpt. Der günstigste Zeitpunkt für die Entnahme liegt zwischen 19.00 und 22.00 Uhr, denn da sind die verschiedenen Schichten des Meerwassers am besten durchmischt. Deshalb kommt dieses Meerwasser in seinen Eigenschaften dem ozeanischen Tiefenwasser nahe. Insgesamt werden einmal im Monat 10 Tonnen Meerwasser in Tanks gefüllt und zur Verhinderung oxidativer Vorgänge sofort mit 20 Liter EM-X versetzt.

2. Dieses Meerwasser wird bei der Firma TPR in andere Tanks umgefüllt und mit folgenden »Zutaten« versetzt: etwa 10 Prozent sonnengetrocknetes natürliches Meersalz aus Salzgärten in Mexiko zur Erhöhung der Salzkonzentration und des Mineralstoffgehalts, EM-1 und EM-3 (bisher nur in Japan erhältliche Mischung von Mikroorganismen, die vor allem Photosynthese-Bakterien enthält) zur »Reifung« sowie eine geringe Menge feines EM-Keramikpulver. Das Gemisch lässt man dann 45 Tage lang reifen. Durch diesen Fermentationsprozess werden nahezu alle schädlichen Substanzen und oxidativen Bestandteile im Meerwasser beseitigt.

3. Nach der Reifungsphase werden diesmal 10 Liter EM-X pro Tonne zugegeben. Das angereicherte und gereifte Meerwasser wird nun über einem Holzfeuer anfangs bei 120 Grad aufgekocht und anschließend

bei etwa 60 Grad 7 bis 8 Stunden lang erhitzt, bis es zu einer hoch konzentrierten, dickflüssigen Salzmasse geschrumpft ist. Aufgrund des lang andauernden Kontakts mit dem Holzfeuer wird das Salz einer infraroten Strahlung ausgesetzt, durch die seine Eigenschaften und die Kristallisation verbessert werden.

4. Anschließend lässt man das Salz an der Sonne – je nach Wetterbedingungen – mehrere Tage trocknen, wobei sich schöne Salzkristalle bilden.

5. Das Salz wird danach in Brennschalen aus EM-Keramik in einem Brennofen, in dem EM-Keramik-Elemente platziert sind, zwei Stunden lang bei bis zu 800 Grad gebrannt. Dadurch werden alle Schadstoffe (wie Dioxin, PCB, Arsen und Schwermetalle) fast vollständig beseitigt, während die essenziellen Mineralstoffe in ausgewogener Zusammensetzung zurückbleiben. Das Brennen in Kontakt mit EM-X-Keramik bewirkt die Übertragung der Qualitäten von EM-X-Keramik auf das EM-Salz. Beim Brennen, Schmelzen und Abkühlen geht die Kristallstruktur des Salzes verloren, und es kommt zu einem Gewichtsverlust von etwa 40 Prozent.

6. Zuletzt werden die erkalteten »Salzklumpen« maschinell zerkleinert, zu feinem Salz gemahlen, mechanisch gereinigt, kontrolliert und verpackt. Dabei gehen weitere 10 Prozent der Menge verloren.

Nach diesem aufwändigen Verfahren werden bei TPR jährlich lediglich 800 Kilogramm EM-Salz produziert. Das hängt damit zusammen, dass einerseits nicht mehr als einmal pro Mond/Monat Meerwasser entnommen wird und es andererseits im Verlauf der Produktion zu Mengenverlusten von über 50 Prozent kommt. Denn obwohl das Pazifikwasser bei Okinawa einen Salzgehalt von rund 3,4 Prozent aufweist und noch gut 10 Prozent Meersalz zugegeben werden, bleiben am Ende pro Tonne Meerwasser nur ungefähr 25 Kilogramm EM-Salz übrig.

Analyse der anorganischen Hauptbestandteile von EM-Salz

Inhaltsstoff	Anteil
Mengenelemente	(in % der Menge):
Cl	60,2
Na	32,5
Mg	2,79
Ca	0,178
K	0,159
Spurenelemente	(in µg/g):
Fe	12
J	< 10
Se	< 5
P	< 5
Cr	3
Mo	< 2

Cu	<	1
Mn	<	1
Zn		1

Quelle: Analysebericht Nr. W 100952-01 des Toray Research Center in Fukuoka vom 14. Dezember 2001

Die zwei Arten von EM-Salz – Sosei-kaien und Jukusei-kaien

Schon der Titel des japanischen Originals dieser Übersetzung nimmt Bezug auf zwei Arten von EM-Salz: *EM-sosei-kaien* (»Regenerierendes Meersalz«) und *EM-jukusei-kaien* (»Gereiftes Meersalz«). Da aber *Jukusei-kaien* in diesem Buch so gut wie keine Rolle spielt und auch weder in der Produktion noch im Handel ist, haben wir der Einfachheit und Klarheit halber *Sosei-kaien* mit EM-Salz gleichgesetzt. Mit anderen Worten, überall, wo in diesem Buch von EM-Salz die Rede ist, sprechen wir von *EM-sosei-kaien*.

Das Herstellungsverfahren für *EM-jukusei-kaien* folgt im Prinzip dem Verfahren für *EM-sosei-kaien*, ist aber noch aufwändiger. Der wesentliche Unterschied besteht darin, dass man für *Jukusei-kaien* ausschließlich Meerwasser (siehe oben, Schritt 1) benutzt, dieses nicht mit anderem Salz angereichert wird und das Salz nach dem Erhitzen (Schritt 3) bis zuletzt nur in der Sonne trocknet und reift. Da dieses Verfahren etwa zwei Jahre dauert, versteht es sich von selbst, dass die kommerzielle Produktion von *Jukusei-kaien* nicht infrage kommt.

Selbst Salz machen

Sollten Sie die Gelegenheit haben, sauberes Meerwasser (bei Vollmond) zu schöpfen, können Sie selbst Salz machen. Dabei folgen Sie im Prinzip dem üblichen Herstellungsverfahren für Meersalz.

1. Um Oxidation zu verhindern, können Sie ein wenig EM-X in Ihr Meerwasser geben, bevor Sie es einmal aufkochen.

2. Dann erhitzen Sie das Meerwasser bei etwa 60 Grad so lange, bis die Konzentration so hoch ist, dass sich Salzkristalle bilden und ausgefällt werden. Dieser recht langwierige Vorgang lässt sich beschleunigen, indem Sie die Salzkonzentration durch Zugabe von Natursalz erhöhen.

3. Eine weitere Methode zur Abkürzung dieses Verfahrens besteht darin, die Bitterlauge abzuschütten. Als *nigari* bezeichnet man die Flüssigkeit, die nach dem Ausfällen des Salzes übrig bleibt. Außer dem Zeitgewinn hat das noch zwei weitere Vorteile: Da

zunächst überwiegend Kochsalz (NaCl) ausgefällt wird, schmeckt Ihr Salz milder. Die mineralstoffreiche *nigari*, die vor allem reich an (bitter schmeckenden) Magnesiumverbindungen ($MgCl_2$ und $MgSO_4$) ist, lässt sich vielseitig gesundheitsfördernd verwenden – zum Beispiel zur milden Abführung oder als natürliche Mineralstoffergänzung (in Getränken).

4. Abschließend lassen Sie Ihr Salz an der Sonne trocknen. Günstig ist es auch, es mit einer Infrarotlampe zu trocknen, denn durch infrarote Strahlung verbessern sich die Kristallbildung und die Qualität.

5. Um die Eigenschaften von EM-Salz (teilweise) auf Ihr eigenes Meersalz zu übertragen, können Sie es während des Trockenvorgangs ab und zu mit EM-1 und EM-X besprühen. Außerdem können Sie es wie bei der »Vermehrung« noch mit 5 bis 10 Prozent EM-Salz anreichern.

Die Vermehrung von EM-Salz

Da reines EM-Salz fast zu wertvoll ist, um es anstelle von Speisesalz in der Küche oder bei der Körperpflege zu benutzen, wird empfohlen, es zu »vermehren«. Dazu mischt man 5 bis 10 Prozent EM-Salz unter möglichst gutes Natursalz – zum Beispiel eine 90-Gramm-

Dose EM-Salz unter 1 Kilogramm sonnengetrocknetes natürliches Meersalz. Besprühen Sie Ihre Salzmischung ab und zu mit EM-1 und EM-X und lassen Sie sie zwei bis drei Tage an der Sonne und/oder unter Infrarotlicht trocknen. Die gut getrocknete Salzmischung füllen Sie in eine Dose und lassen sie drei Wochen unter Verschluss stehen.

Das führt nicht nur zur besseren Reifung Ihres Salzes und macht seinen Geschmack milder und »runder«, sondern es erwirbt auch etwa 70 Prozent der ausgezeichneten antioxidativen und regenerativen Eigenschaften und Wirkungen von reinem EM-Salz. Ihr eigenes vermehrtes EM-Salz sollten Sie dann ausreichend verwenden können.

2.
EM-Salz anwenden

Wo kommt EM-Salz zum Einsatz?

EM-Salz lässt sich als Lebensmittel und Produkt zur Verbesserung Ihrer Gesundheit äußerst vielseitig verwenden. Abgesehen von medizinischen Anwendungen können Sie dabei ohne weiteres Ihr eigenes »vermehrtes« EM-Salz verwenden:

1. *Küche und Haushalt:* EM-Salz kann im alltäglichen Leben anstelle von normalem Speisesalz benutzt werden.

2. *EM-Salz und EM-X für Gesundheit und Wohlbefinden*: EM-Salz zur Förderung der Gesundheit ist besonders wirkungsvoll, wenn es zusammen mit

EM-X genommen wird. Bei gesunden Erwachsenen sind täglich 5 bis 10 Milliliter EM-X und 0,5 bis 1 Gramm EM-Salz zu empfehlen.

3. *EM-Salz mit EM-X als Schmerzmittel*: Diese Kombination ist ein hervorragendes und völlig nebenwirkungsfreies Analgetikum, das sich bei allen möglichen Arten von Schmerzen (besonders bei Nervenschmerzen) als wirksam erwiesen hat. Bei Einsetzen der Beschwerden beginnen Sie mit 0,5 Gramm Salz und 10 bis 20 Milliliter EM-X und warten die Wirkung ab, die in vielen Fällen erstaunlich schnell eintritt. Falls die Schmerzen andauern oder zurückkehren, wiederholen Sie diese kombinierte Einnahme, bis es wirkt (im Zweifelsfall nehmen Sie professionelle heilkundige Hilfe in Anspruch).

4. *Belebende und entgiftende Fußmassage*: Lösen Sie etwas EM-Salz in EM-X. Reiben Sie damit die Füße (Ihres Partners) gut ein und massieren Sie sie 10 Minuten ordentlich. Anschließend sollte der Partner ruhen und eine Tasse grünen Tee trinken. Dadurch werden Schadstoffe im Körper gelöst, die dann im Harn ausgeschieden werden.

5. *Garten/Pflanzen*: EM-Salz können Sie in 1000- bis 3000facher Verdünnung in Haus und Garten auf die Blätter von Blumen und Gemüse versprühen.

Dadurch verbessern sich Farbe, Glanz und Gesundheit der Pflanzen.

Weitere Anwendungsbeispiele für EM-Salz finden Sie in diesem Buch vor allem in Teil IV zur Körperpflege und im folgenden Abschnitt.

Erfahrungen mit EM-Salz in der Medizin

In seinem kurzen Bericht über die Entwicklungen in der EM-Technologie bei der 2. EM Medical Conference im November 2002 auf Okinawa hat Professor Higa zum ersten Mal vor Medizinern über EM-Salz und seine Haupteigenschaften referiert und auch kurz die Erfahrungen bei seinem Selbstversuch und die von anderen »Versuchspersonen« zusammengefasst (*Clinical and Basic Medical Research on EM-X*, Vol. 3, S. 8 f.). Bei einmaliger Einnahme von 1 bis 2 Gramm EM-Salz bessert sich demzufolge schon nach einer Minute das Allgemeinbefinden, und nach zwei bis drei Minuten kann man spüren, wie die Energie im ganzen Körper zu fließen und die Müdigkeit zu verschwinden beginnt. Das lässt sich auch kinesiologisch verifizieren.

Bei Einnahme von fünfmal 2 Gramm EM-Salz pro Tag wird der Harnfluss angeregt, und dabei werden vermehrt Giftstoffe aus dem Körper ausgeschieden.

Professor Higa berichtete auch von Fällen, in denen bei dieser Dosierung der Bluthochdruck sinkt und sich Herzbeschwerden bessern. Bei noch stärkerer Zufuhr (bis zu 25 Gramm am Tag) steigerten sich unter anderem sowohl die körperliche und geistige Leistungsfähigkeit als auch das Sehvermögen. Außerdem konnte er beobachten, dass bei ihm und manchen anderen »Probanden« nach etwa einem Monat die (grauen) Haare wieder schwarz wurden.

Bei dieser Konferenz haben japanische Ärzte zum ersten Mal Erfahrungsberichte und klinische Studien zur Anwendung von EM-Salz vorgelegt, allen voran Dr. Shigeru Tanaka, der Pionier der EM-Medizin. In seinem Ende 2002 veröffentlichten neuen Buch *Inochi no sosei-ryoku* (»Die Regenerationskraft des Lebens«) hat er noch ausführlicher von seinen Erfahrungen mit EM-Salz (und EM-X) berichtet. Da EM-Salz damals kaum länger als ein halbes Jahr existierte, gab es natürlich nur wenig Material zu seiner Anwendung.

EM-Salz allein: In einem ersten klinischen Test hat Dr. Tanaka die Wirkung von EM-Salz bei Hypercholesterinämie an mehreren Patienten mit erhöhtem Cholesteringehalt, die auf das japanische Medikament *Lipitor* nicht ansprachen, untersucht. Bei einer Salzzufuhr von bis zu 2 Gramm täglich – bei höheren Mengen gab es erhebliche Widerstände vonseiten der Patienten – kam es in einigen Fällen zu einer deutlichen Senkung des Cholesterinspiegels. In der Folge wurde festgestellt, dass die Werte wieder anstiegen, wenn kein EM-Salz mehr genommen wurde. Das könnte als Hinweis auf die Notwendigkeit der längerfristigen Einnahme von EM-Salz verstanden werden.

In einem Fall von dreimonatiger Einnahme von täglich 1 Gramm EM-Salz kam es zu einer eindeutigen Senkung des Cholesterin- und Fettspiegels. In Zahlen ausgedrückt: LDL sank von 286 auf 256, HDL von 100 auf 85, und Triglyzeride sanken von 90 auf 72.

Auch in verschiedenen anderen Fällen hat Dr. Tanaka die Wirkung von EM-Salz mit wechselndem Erfolg getestet. Besonders gute und teilweise erstaunlich schnelle Ergebnisse bei täglich 1 Gramm EM-Salz zeigten sich vor allem bei der Schmerzlinderung (zum Beispiel bei Zahnschmerzen, Krebs, Nervenschmerzen, Neuralgien, Polyneuropathie, Rheuma, Gelenkschmerzen). Bei starken Schmerzen sollte man ihm zufolge täglich (mindestens) bis zu 3 Gramm nehmen. Bei Nervenschmerzen hilft es auch, 1,25-prozentiges Salzwasser auf die schmerzende Stelle zu streichen oder ein Bad mit 1,75 Prozent EM-Salz im Badewasser zu nehmen. Nervenschmerzen verschwinden dabei im Allgemeinen in zwei Stunden. Wenn Sie Hautprobleme haben, sollten Sie weniger Salz nehmen.

Dr. Tanaka empfiehlt ferner, 5 bis 10 Gramm Salz ins Waschbecken zu geben und sich mit diesem Wasser das Gesicht zu waschen. Das wirkt antioxidativ, bakterizid und regenerierend auf die Gesichtshaut. Auch Augen- oder Nasentropfen (Sprays), so Dr. Tanaka, kann man durch eine Lösung von 0,9 Prozent EM-Salz in EM-X ersetzen und täglich bis zu fünfmal anwenden. Wenn man das zusammen mit anderen Augentropfen verwendet, kann man deren Dosierung halbieren.

In einem ersten Fazit stellt Dr. Tanaka fest, dass die weit verbreitete, populäre und medizinische Irrmeinung über Salzkonsum und Bluthochdruck bei den Patienten erhebliche Widerstände dagegen auslöst, täglich mehr als 1 Gramm EM-Salz zuzuführen. Deshalb rät er, die Tageszufuhr von normalem Speisesalz (etwa 18 Gramm) möglichst durch EM-Salz zu ersetzen.

Seinen Patienten »verschreibt« er zurzeit maximal 2 bis 3 Gramm EM-Salz pro Tag; sein Ziel wäre jedoch eine Erhöhung der Menge auf (mindestens) 4 bis 5 Gramm.

EM-Salz und EM-X zusammen: EM-Salz wird in der klinischen Anwendung bei Dr. Tanaka und anderen japanischen Ärzten im Allgemeinen in Verbindung mit EM-X eingesetzt. Es hat sich gezeigt, dass diese Kombination zu einer synergetischen Steigerung der Wirkungen führt, vor allem durch Mineralstoffe im Salz sowie durch die elektromagnetischen Resonanzschwingungen und antioxidativen Eigenschaften von EM-X. Es hat sich ferner herausgestellt, dass vor allem in den Fällen, in denen EM-X allein nicht richtig wirkt, gute Resultate erzielt werden können.

Dies trifft im Allgemeinen auf die 22 klinischen Fallbeispiele zu, die Dr. Tanaka in seinem oben genannten Buch vorstellt und erklärt. Es handelt sich um sechzehn Männer und sechs Frauen mit einem Durchschnittsalter von über sechzig Jahren, denen er auch eine erhöhte Salzzufuhr verordnet hat. Sechzehn davon litten an Krebs, sechs an Beschwerden wie Parkinson oder Herzstörungen. Wenn die betreffenden Patienten vorher schon längere Zeit in seiner Obhut waren, hatten Sie teilweise schon jahrelang regelmäßig EM-X getrunken, wobei die Dosierung je nach Schwere des Falls zwischen dreimal 15 Millilitern und 170 Millilitern pro Tag lag. Mit fortschreitender Besserung wurde die Dosis stufenweise reduziert.

Im Jahr 2002 hat Dr. Tanaka dann angefangen, zusätzlich 1 bis 2 Gramm EM-Salz zu verabreichen, zum großen Teil mit erstaunlichem Erfolg. Das ist umso höher zu bewerten, da dies in einigen wirklich ernsten Fällen die einzige therapeutische Maßnahme war – zum Beispiel als Krebstherapie ohne Operation, Bestrahlung oder Chemotherapie. In den meisten Fällen trat schon nach drei bis vier Wochen eine Wende zum Guten ein. Bei Einnahme über längere Zeiträume kam es oft zur völligen Genesung, doch auch sonst registrierte Dr. Tanaka vor allem folgende Anzeichen des Erfolgs: Schmerzlinderung und -freiheit, Normalisierung der Laborwerte und der Tumormarker, Abnahme und Verschwinden des Krebswachstums und deutliche Verkleinerung der Tumoren, Zunahme von Appetit und Gewicht sowie Wiederherstellung gestörter Funktionen.

Dr. Masafumi Ishigami hat ebenfalls eine Studie zur Wirkung von EM-Salz und EM-X bei MRSA publiziert (MRSA = methicillinresistenter Staphylococcus aureus, ist eine gegen Antibiotika resistente gefährliche Bakterienkrankheit). In fünf Fällen wurden ältere MRSA-Patienten erfolgreich mit EM-X und EM-Salz behandelt. Dabei gab man im Allgemeinen 2 Prozent EM-Salz in 30 bis 60 Milliliter EM-X (1 Gramm Salz auf 50 Milliliter = 2 Prozent). Zu den positiven Wirkungen von EM-X und EM-Salz kam noch hinzu, dass die Krankenzimmer mit EM-A und EM-X besprüht worden waren und so als *healing room* wirkten. Dr. Ishigami sah sich aber nicht in der Lage, eine Erklärung für diese Heilwirkungen zu geben.

Generell empfiehlt Dr. Tanaka, pro Tag eine Dosierung von dreimal 30 bis 50 Millilitern EM-X und eine Salzzufuhr von 1 bis 3 Gramm einzunehmen, am besten kurz vor den Mahlzeiten. Um zu tieferen Erkenntnissen über die Anwendung und Wirksamkeit von EM-Salz bei schweren Erkrankungen zu gelangen, hält er Beobachtungen und Fallstudien über mehrere Jahre für notwendig.

Anhang

Über die Autoren

Teruo Higa

Professor Higa wurde 1941 auf Okinawa, der Hauptinsel des Ryûkyû-Archipels im Süden Japans, geboren und wuchs auch dort auf.

Nach Abschluss seines Landwirtschaftsstudiums an der Ryûkyû-Universität in Naha, der Hauptstadt Okinawas, setzte er sein Studium am landwirtschaftlichen Forschungsinstitut der Kyûshû-Universität in Fukuoka fort, wo er auch promovierte. Im Jahr 1970 kehrte er als Dozent an die Ryûkyû-Universität zurück. Seit 1982 ist er dort Professor für Gartenbau.

Heute ist Professor Higa in der ganzen Welt bekannt als Entdecker und Erforscher der Effektiven Mikroorganismen (EM) und als Erfinder der EM-Technologie. Seit der Entdeckung von EM im Jahr 1979 verbringt er fast die Hälfte seiner Zeit auf Reisen, um die Anwendung der EM-Technologie in der ganzen Welt zu verbreiten. Dank der Bemühungen von Professor Higa und der von ihm begründeten EM Research Organization (EMRO) wird EM inzwischen weltweit in über 120 Nationen auf den verschiedensten Gebieten eingesetzt, entweder als Teil offizieller Projekte oder in Verbindung mit privaten Initiativen. Außerdem ist er in führenden Positionen national und international innerhalb vieler Organisationen und Komitees tätig.

Als Autor, Mitautor und Herausgeber ist Professor Higa auch auf publizistischem Gebiet überaus aktiv und produktiv. Von seinen zahlreichen Büchern wurden bisher zwei Titel ins Deutsche übersetzt:

- *Eine Revolution zur Rettung der Erde – Mit Effektiven Mikroorganismen die Probleme unserer Welt lösen*, Xanten 2003
- *Die wiedergewonnene Zukunft – Unser Leben und unsere Welt verändern*, Xanten 2003

Ryûichi Chinen

Ryûichi Chinen wurde 1943 auf Okinawa geboren. Nach Schule und Studium war er zunächst als Herausgeber bei einem Verlag in Tôkyô tätig und beschäftigte sich intensiv mit Gesundheitsfragen. Nach der Rückkehr Okinawas ins japanische Reich und der Aufhebung des staatlichen Salzmonopols setzte er sich für die Wiederbelebung der traditionellen Salzherstellung in Okinawa ein und gründete im Jahr 1974 die Salzfirma Aoi Umi (»Blaues Meer«). Seit 1995 leitet er die Firma Aoi Chikyû (»Blaue Erde«) und das von ihm gegründete Institut Kaiyô to chôju no kagaku (»Wissenschaft von Ozean und langem Leben«). Auch als Vortragender und Buchautor im Gesundheitsbereich hat sich Chinen einen Namen gemacht. Seit 1985 leitet er zusammen mit Professor Higa die EM-Gesellschaft von Okinawa.

Literatur

In europäischen Sprachen:

Carson, Rachel: *Der stumme Frühling*, München 1991

Higa Teruo und Ke Bin (Hrsg.): *Clinical and Basic Medical Research on EM-X* (Vol. 3), EM Medical Conference 2002, Okinawa, Nov. 2002 (jap./engl.)

Kervran, Louis: *Transmutations biologiques et physique moderne*, Paris 1996

Mau, Franz-Peter: *EM*, München 2002

Tanaka Shigeru: *EM-X – Über die heilende Kraft von Antioxidanzien aus Effektiven Mikroorganismen (EM)*, Xanten 2001

Wallach, Joel: *Dead Doctors Don't Lie*, www.wallach online.com/drwallach.htm

Watson, Lyall: *Lifetide*, New York 1979

In japanischer Sprache:

Adachi Ikurô: *Hadô no hôsoku* (»Das Schwingungsprinzip«), Kyôto 1995

Aoki Hisazô: *Gen-en nashi de ketsu-atsu wa sagaru* (»Ohne Salzrestriktion den Blutdruck senken«), Tôkyô 1959

EcoPure Nr. 40, Dezember 2000 (jap. EM-Zeitschrift)

Higa Teruo (Hrsg.): *EM Igaku kakumei* (»EM-Revolution in der Medizin«), Tôkyô 2002

Kan Yûbô: *Daishizen to ningen no kenkô* (»Große Natur und menschliche Gesundheit«), Tôkyô 1992

Nojima Naotake: *Chô-mineraru de subete no gan wa kanchi suru* (»Mit Mikromineralen Krebs völlig heilen«), Tôkyô 2001

Tamura Toyoyuki: *Kusuri wa doku da* (»Medizin ist Gift«), Tôkyô 1978

Tanaka Shigeru: *Inochi no sosei-ryoku* (»Die Regenerationskraft des Lebens«), Tôkyô 2002

Uchimi Yasumitsu: *Senkotsu to chôkai-yuryoku* (»Kreuzbein und superschnelle Heilkraft«), Tôkyô 1996

Kontaktadressen und Bezugsquellen

Bei diesen Adressen oder auch bei den EM-Vereinen kann man sich nach Händlern und Beratern vor Ort erkundigen.

Deutschland

EMIKO Handelsgesellschaft mbH, Gut Dützhof
Vorgebirgsstr. 99
53913 Swisttal-Heimerzheim
Deutschland
Tel.: +49 2222 9395–0
Fax: +49 2222 978137
E-Mail: info@emiko.de
Homepage: www.emiko.de

Österreich
(zzt. auch Italien, Slowenien, Kroatien, Tschechien, Slowakei, Ungarn)

Multikraft GmbH
4631 Haiding/Wels, Österreich
Tel. und Fax: +43 7249 462620
E-Mail: office@multikraft.at
Homepage: www.multikraft.com

Schweiz
Bionova-Hygiene GmbH
Schöngrund 29
6343 Rotkreuz, Schweiz
Tel.: +41 41 280–2211
Fax: +41 41 280–5511
E-Mail: info@bionova-hygiene.ch
Homepage: www.bionova-hygiene.ch

Niederlande und Belgien
(zzt. auch Frankreich)

EM Agriton BV
Industriestr. 1b
8391 AG Noordwolde, Niederlande

Tel.: +31 561 4331 15
Fax: +31 561 432677
E-Mail: info@agriton.nl
Homepage: www.agriton.nl

Norwegen

Lore Thorsby
Lindkjoelen
2280 Magnor, Norwegen
Tel.: +47 628 37331
Fax: +47 628 37434
E-Mail: lore.thorsby@EMmiljo.com

Kontakt in andere Länder:

EMRO EHG Deutschland GmbH
Lindenstr. 28
16269 Bliesdorf OT Metzdorf, Deutschland
Tel.: +49 33 45 61 59 79
Fax: +49 33 45 61 59 78
E-Mail: info@emro-ehg.de

Informationen über die EM-Technologie

Die gemeinnützigen EM-Vereine geben Auskunft und vermitteln Kontakte, zum Beispiel zu Arbeitsgruppen über unterschiedliche Themen der EM-Anwendung.

EM e.V. *(Deutschland)* – Gesellschaft zur Förderung regenerativer Mikroorganismen
Am Dobben 43a
28203 Bremen, Deutschland
Tel.: +49 42 13 30 87 85
Fax: +49 42 13 30 87 95
E-Mail: info@EMeV.info
Homepage: www.EMeV.info

EM e.V. *(Österreich)* – Gesellschaft zur Förderung regenerativer Mikroorganismen
Stift 1
4582 Spital am Pyhrn, Österreich
Tel.: +43 75 63 71 88
E-Mail: Angelika.Rudolph@gmx.at
Tel. und Fax: +43 31 44 46 32
Allgemein/Mo.–Fr. 14.00–17.00 Uhr:
Tel. und Fax: +43 72 49 48101
Allgemein, Bienen
Mo.–Sa. 8.00–12.00 Uhr:
E-Mail: info@kurdrogerie.at

IG-EM CH (Interessengemeinschaft-EM Schweiz)
Ueli Rothenbühler
Hämlismatt
3508 Arni, Schweiz
Tel.: +41 31 7012558
E-Mail: info@ig-em.ch
Homepage: www.ig-em.ch

Quellennachweis und Schlussbemerkungen

Da das Original sich an eine relativ EM-kundige Leserschaft in Japan wendet und es uns an manchen Stellen nicht sinnvoll erschien, spezifisch japanische Inhalte einfach »ungefiltert« ins Deutsche zu übersetzen, musste die Arbeit an diesem Buch über den Rahmen einer reinen Übersetzung hinausgehen. Deshalb sind hier ein paar abschließende Bemerkungen angebracht.

Quellennachweis und Literatur:

Was den Anteil der beiden Autoren angeht, so hat Professor Higa die Einleitung und Teil V verfasst, während die Teile I bis IV von Herrn Chinen stammen.

Statt des ursprünglichen Vorworts von Professor Higa haben wir seine Einleitung »Effektive Mikroorganismen (EM) und Salz« aus der japanischen EM-Zeitschrift *EcoPure* Nr. 40 (Dezember 2000, S. 56f.) übernommen. Anstelle seines ursprünglichen Nachworts haben wir die beiden letzten Abschnitte von Teil V, »Meine Erfahrungen mit EM-Salz« sowie »Wie viel EM-Salz soll man nehmen?« aus dem neuen Buch von Dr. Shigeru Tanaka, *Inochi no sosei-ryoku* (Seite 259 bis 266) übersetzt.

Teil VI, »EM-Salz in der Praxis«, wurde von uns aus verschiedenen mündlichen und schriftlichen Originalquellen zusammengestellt. Dabei ist besonders zu erwähnen, dass Herr Sakae Ashitomi, der selbst maßgeblich an der praktischen Entwicklung dieses Produkts mitgewirkt hat, uns das komplizierte Herstellungsverfahren in aller Offenheit und Ausführlichkeit erklärt und uns noch zahlreiche Tipps zur praktischen Anwendung gegeben hat. Außerdem hat Mariko Sakai unter seiner Führung im November 2003 auf Okinawa die Salzherstellung bei der Firma TPR inspiziert.

Der letzte Abschnitt von Teil VI über »EM-Salz in der Medizin« beginnt mit einem kurzen Auszug aus Professor Higas Ausführungen zu den »Neuesten Entwicklungen in der EM-Technologie« (in: *Clinical and Basic Medical Research on EM-X*, Vol. 3, S. 8f.); der Rest ist ein Resümee aller bisher veröffentlichten klinischen Erfahrungen japanischer Ärzte mit EM-Salz und stammt überwiegend aus *Inochi no sosei-ryo-*

ku von Dr. Tanaka sowie aus dem oben genannten 3. Band der *Clinical and Basic Medical Research on EM-X*.

In unsere Literaturliste haben wir nur diejenigen Titel aufgenommen, die im Original erwähnt und zitiert werden. Leider fehlen bei den Zitaten im Original alle genaueren Angaben. Die ausführliche Bibliografie der beiden Autoren haben wir nicht übernommen, weil es sich meist um japanische Originaltitel handelt. Bei den Tabellen haben wir im Allgemeinen auf die Quellenangaben verzichtet, weil sie sich auf japanische Fachpublikationen beziehen und teilweise unvollständig sind. Aus guten Gründen haben wir auch keine deutschsprachige Bibliografie zu den Themen dieses Buchs (Salz usw.) zusammengestellt, denn die betreffende Literatur ist umfangreich genug und leicht zugänglich.

Japanische Namen und Sprache:

Im Gegensatz zur fernöstlichen Gepflogenheit, den Familiennamen vor dem Vornamen zu nennen, haben wir uns – wie bei den anderen deutschen EM-Publikationen üblich – in dieser Übersetzung (außer im Literaturverzeichnis) durchgehend für die westliche Reihenfolge entschieden: also etwa Teruo Higa statt japanisch Higa Teruo.

Um den Lesern die Lektüre und die Aussprache der zahlreichen japanischen Wörter zu erleichtern, möchten wir kurz die wichtigsten Grundregeln für das Lesen der allgemein üblichen, wirklich einfachen Umschrift (Transkription des Japanischen in Lateinschrift) erwähnen: Konsonanten wie im Englischen; Vokale wie im Deutschen; Doppelvokale einzeln aussprechen (nicht wie deutsche Diphthonge, zum Beispiel *sosei* = »so-se-i«). Zwischen kurzen und langen Vokalen (zum Beispiel *o/ô*) sowie einfachen und doppelten Konsonanten (zum Beispiel *n/nn*) besteht ein (deutlich) hörbarer Unterschied, der auch bedeutungsrelevant ist.

Abschließend möchten sich der Goldmann Verlag und wir uns ganz herzlich bedanken: bei den beiden Autoren für ihr Verständnis und die freundliche Erlaubnis, ihren Text stellenweise zu ändern und zu ergänzen; bei den erwähnten Autoren und japanischen Verlagen für die bereitwillig gewährte Genehmigung, Teile aus ihren oben genannten Publikationen zu übersetzen oder zu verwerten; und stellvertretend für alle, die uns bei der Arbeit mit Rat und Tat unterstützt haben, bei Herrn Hideo Kuwabara von EMRO Deutschland und Herrn Sakae Ashitomi von EMRO Japan, der unsere langen Fragenlisten mit ebenso großer Sachkenntnis wie Geduld beantwortet hat.

Wolfgang Höhn und Mariko Sakai

GANZHEITLICH HEILEN
GOLDMANN

Heilende Energien

Barbara Ann Brennan,
Licht-Arbeit   14151

Leila Parker, Das Praxisbuch
der Kinesiologie   13934

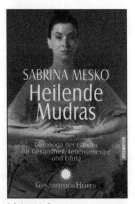

Sabrina Mesko
Heilende Mudras   14201

Barbara Simonson, Das authenische
Reiki   14210

Goldmann • Der Taschenbuch-Verlag